HISTOIRE

ANCIENNE

DE

ROLLIN

6.

HISTOIRE
ANCIENNE

DE

ROLLIN.

NOUVELLE ÉDITION,

ENRICHIE D'UNE NOTICE SUR ROLLIN.

TOME SIXIÈME.

PARIS,

CHEZ PHILIPPE, LIBRAIRE,

RUE FURSTEMBERG, N° 8.

1835.

HISTOIRE ANCIENNE
DES ÉGYPTIENS,
DES CARTHAGINOIS, DES ASSYRIENS, DES BABYLONIENS,
DES MÈDES ET DES PERSES.
DES MACÉDONIENS ET DES GRECS.

Suite du § Ier.

Ce faste et ce luxe furent en effet portés à un excès qui était une véritable folie. Le prince menait avec lui toutes ses femmes, et l'on juge aisément de quel attirail cette troupe était suivie. Les généraux et les officiers en faisaient autant chacun à proportion. Le prétexte était de s'animer à bien combattre par la vue de ce qu'ils avaient de plus cher au monde; mais la véritable raison était l'amour du plaisir, par lequel ils étaient vaincus et domptés avant que d'en venir aux mains avec l'ennemi.

Une seconde folie était de vouloir qu'à l'armée le luxe pour les tentes, pour les chars, pour la table et la bonne chère, passât encore celui qui règne dans les villes. Il fallait que les mets les plus exquis, le gibier le plus fin, les oiseaux les plus rares, vinssent trouver le prince, en

1.

quelque endroit du monde qu'il campât. Les vases d'or et d'argent étaient sans nombre, instrumens du luxe, non de la victoire, dit un historien, propres à attirer et à enrichir l'ennemi, non à le repousser ni à le vaincre.

Je ne vois pas quelles raisons Cyrus put avoir de changer de conduite dans les dernières années de sa vie. On ne peut nier que la grandeur des rois n'ait besoin d'une magnificence qui y soit proportionnée, surtout dans de certaines occasions où ils se donnent en spectacle aux peuples; mais les princes qui ont un solide mérite savent remplacer en mille manières ce qu'ils paraissent perdre en retranchant quelque chose du faste et de l'éclat extérieur. Cyrus lui-même avait éprouvé qu'un roi se fait respecter par une sage conduite plus sûrement que par une grande dépense, et qu'il s'attache les peuples par la confiance et par l'amour bien plus étroitement que par la vaine admiration d'une magnificence peu nécessaire. Quoi qu'il en soit, le dernier exemple de Cyrus devint fort contagieux. Le goût du faste et de la dépense passa

de la cour dans les villes et dans les provinces, saisit en peu de temps toute la
nation, et fut une des principales causes
de la ruine de l'empire qu'il avait lui-
même fondé.

Ce que je dis ici sur les effets funestes
du luxe n'est point particulier à l'empire
des Perses. Les historiens les plus judi-
cieux, les philosophes les plus éclairés, les
politiques les plus profonds donnent tous
pour une maxime certaine et incontestable,
que le luxe ne manque jamais d'entraîner
la ruine des états les plus florissans; et
l'expérience de tous les siècles et de toutes
les nations ne montre que trop la vérité de
cette maxime.

Quel est donc ce poison subtil caché sous
l'éclat du luxe et sous l'amorce des délices,
capable d'énerver en même temps et toutes
les forces du corps et toute la vigueur de
l'ame? Il n'est pas dificile d'en comprendre la raison. Des hommes accoutumés à
une vie molle et délicieuse sont-ils bien
propres à soutenir les fatigues et les travaux
de la guerre, à souffrir la rigueur des saisons, à supporter la faim et la soif, à se priver du sommeil dans l'occasion, à mener

une vie d'action et de mouvement, à affronter les dangers, à aller même jusqu'à mépriser la mort? L'effet naturel des délices et d'une vie voluptueuse, suite inséparable du luxe, est de rendre les hommes dépendans de mille faux besoins, de mille commodités et superfluités dont ils ne peuvent plus se passer, et de les attacher à la vie par mille liens secrets, qui, étouffant en eux les grands motifs de gloire, de zèle pour le prince, d'amour pour la patrie, les rendent plus timides, et les empêchent de s'exposer à des dangers qui peuvent en un moment leur enlever tout ce qui fait leur félicité.

§ III. C'est Platon qui nous apprend que ce fut là une des causes de la ruine de l'empire des Perses. En effet, ce qui conserve les états et fait remporter des victoires, ce n'est point le nombre, mais la force et le courage des armées; et, selon une belle pensée d'un ancien, du jour qu'un homme a perdu sa liberté, il a perdu la moitié de son ancienne vertu. Il ne s'intéresse plus au bien de l'état, qu'il regarde comme étranger; et, perdant les principaux motifs qui pouvaient l'y attacher, il devient indifférent au succès des affaires publiques, à la gloire et aux prospérités de la patrie, auxquelles sa condition lui défend de rien prétendre, et qui ne peuvent changer son état. Or, on peut dire que le règne de Cyrus fut le règne de la liberté. Il n'agissait point en maître, et ne croyait pas qu'une autorité despotique fût digne d'un roi, ni qu'il fût fort glorieux de ne commander qu'à des esclaves. Sa tente, toujours ouverte, laissait un accès libre à quiconque voulait lui parler. Il se montrait, se communiquait, se rendait affable et accessible à tous, écoutait les plaintes, connaissait par lui-même et récompensait le mérite, invitait à manger avec lui, non-seulement les généraux de l'armée, non seulement les premiers officiers, mais encore les officiers subalternes, et quelquefois même des compagnies entières. La simplicité et la frugalité de sa table le mettaient en état de donner fréquemment de tels repas. Sa vue était d'animer les officiers et les soldats, de les remplir de courage, de les attacher à sa personne plus qu'à sa dignité, et de les intéresser vivement à sa gloire et encore plus au bien de l'état. Voilà ce qu'on appelle savoir commander et gouverner.

On voit avec plaisir dans Xénophon, non-seulement la beauté d'esprit, la justesse ingénieuse des réponses, la finesse des railleries, mais la joie et la gaîté qui régnaient dans ces repas, d'où l'on avait banni tout faste et tout luxe, et dont le principal assaisonnement était une doucé et honnéte liberté, qui mettait tout le monde à son aise, et une sorte de familiarité, qui, loin de rien diminuer du respect pour le prince, y ajoutait une force et une vivacité que l'amour seul et la tendresse peuvent donner. J'ose le dire, une telle conduite double et triple une armée à peu de frais. Trente mille hommes de cette espèce valent mieux que des millions d'esclaves, tels que le devinrent depuis ces mêmes Perses. On le sent bien dans une action, dans une journée décisive, et le prince encore plus que tous les autres. A la bataille de Thymbrée, lorsque le cheval de Cyrus s'abattit sous lui, Xénophon fait remarquer combien il importe à un général d'être aimé de ses troupes; le danger du roi devint celui de l'armée, et les soldats, dans cette occasion, firent des actions incroyables de courage et de bravoure.

Il n'en fut pas ainsi sous la plupart de ses successeurs. Ils n'étaient occupés que du soin de rendre leur majesté respectable. J'avoue que les ornemens royaux n'y contribuaient pas peu. Une robe de pourpre richement brodée, et qui descendait jusqu'aux pieds, une tiare élevée droite sur la tête et serrée par un magnifique diadème, un sceptre d'or en main, un superbe trône, une cour nombreuse et brillante, un grand nombre d'officiers et de gardes, pouvaient relever l'éclat de la royauté; mais tout cela doit être compté pour peu, quand tout cela est seul. En effet, qu'est-ce qu'un roi qui perd tout son mérite et tout son éclat quand il quitte ses ornemens?

Quelques rois d'Orient croyant par là se rendre encore plus respectables ; se tenaient ordinairement enfermés dans leurs palais, et se montraient rarement aux peuples. Nous avons vu que Déjoce, le premier roi de Mèdes, à son entrée sur le trône, mit en usage cette politique, qui devint assez commune dans l'Orient. Mais c'est une grande erreur de croire qu'un prince ne peut descendre de sa grandeur par une sorte de familiarité avec ses sujets, sans l'avilir et la dégrader. Artaxerxe ne pensait pas ainsi, et Plutarque observe que ce prince et la reine Statira, son épouse, affectèrent de se rendre visibles et accessibles aux peuples, et ils n'en furent que plus respectés.

Il n'était permis chez les Perses à aucun des sujets de paraître devant le roi sans s'être prosterné devant lui; et cette loi, que Sénèque appelle avec raison une servitude persane, s'étendaient aussi aux étrangers. Nous verrons dans la suite que plusieurs des Grecs refusèrent de s'y assujétir, regardant cette cérémonie comme injurieuse à des hommes nés et nourris dans le sein de la liberté. D'autres, moins délicats, s'y soumirent, quoiqu'avec beaucoup de répugnance; et l'on raconte que l'un d'eux, pour couvrir la honte de ce prosternement servile, laissa tomber son anneau quand il fut près du roi, afin d'avoir lieu de se courber devant lui sous un autre prétexte. Mais c'eût été un crime pour les naturels du pays, que d'hésiter et de délibérer sur un hommage que les rois exigeaient avec la dernière rigueur.

Ce que l'Ecriture raconte de deux princes, dont l'un * ordonna à tous ses sujets,
sous peine de mort, de se proterner devant
sa statue; et le second ** suspendit sous la
même peine tout acte de religion à l'égard
généralement de tous les dieux, excepté lui
seul; et d'un autre côté la prompte et
aveugle obéissance de Babylone, qui, au
premier signal, accourut tout entière pour
courber le genou devant l'idole, et pour
invoquer le roi à l'exclusion de tout autre;
tout cela nous apprend à quel excès les
rois d'Orient avaient porté l'orgueil, et les
peuples la flatterie et la servitude.

La distance entre le roi et ses sujets était
si grande, que ceux-ci, de quelque rang et
de quelque qualité qu'ils fussent, satrapes,
gouverneurs, proches parens, frères même
du roi, n'étaient regardés que comme des
esclaves, au lieu que le prince était toujours traité de maître, de souverain, de
seigneur. En un mot, le caractère propre
des peuples d'Asie, et encore plus de ceux
de Perse que de tous les autres, était la
servitude et l'esclavage; ce qui fait dire

* Nabuchodonosor. (Dan. c. 3.)
** Darius-Médus. (Dan. c. 6.)

à Cicéron que le pouvoir despotique que l'on cherchait à établir dans la république était un joug insupportable, non-seulement à un Romain, mais à un Perse.

Ce fut donc cette hauteur des princes d'un côté, et de l'autre cet asservissement des peuples, qui furent, selon Platon, la principale cause de la ruine de l'empire des Perses, en rompant tous les liens qui unissent le roi à ses sujets et les sujets au roi. Cette hauteur éteint dans le premier toute affection et toute humanité, et cette asservissement ne laisse aux peuples ni courage, ni zèle, ni reconnaissance. Les rois de Perse ne commandaient qu'avec menaces, les sujets n'obéissaient et ne marchaient qu'avec peine et répugnance : c'est l'idée que nous en donne Xerxès dans Hérodote : et il ne pouvait comprendre que les Grecs, qui étaient libres, pussent aller de bon cœur au combat. Que pouvait-on attendre de grand et de noble d'hommes abattus et domptés par l'accoutumance au joug comme étaient les Perses, et réduits à une basse servitude, qui est, pour me servir des termes de Longin, une espèce de prison, où l'ame décroît et se rapetisse en quelque sorte ?

J'ai peine à le dire, mais je ne sais si le
grand Cyrus ne contribua pas aussi lui-
même à introduire parmi les Perses et ce
fol orgueil des rois, et cette servile flatterie des peuples. Ce fut dans cette pom-
peuse cérémonie dont j'ai parlé, que les
Perses jusque-là très jaloux de leur liberté,
et très éloignés de la vouloir prostituer
honteusement par des démarches basses et
rampantes, courbèrent le genou devant le
prince pour la première fois, et s'abais-
sèrent jusqu'à l'adorer. Ce ne fut point l'effet du hasard; et Xénophon insinue assez
clairement que Cyrus, qui desirait qu'on
lui rendît cet hommage, avait exprès
aposté des gens pour en donner l'exemple
aux autres, et ils ne manquèrent pas d'entraîner après eux la multitude. Je ne reconnais point, dans ces petites ruses et
dans ces détours artificieux, la noblesse et
la grandeur d'ame que ce prince avait fait
paraître jusque là; et je serais assez porté
à croire qu'arrivé au comble de la gloire et
de la puissance, il ne put résister plus
long-temps aux violentes attaques que la
prospérité livre sans relâche aux meilleurs
princes; et qu'enfin l'orgueil et le faste,

presque inséparables de l'autorité souveraine, l'arrachèrent à lui-même et à ses
bonnes inclinations.

§ III. C'est encore Platon, le prince des
philosophes, qui nous fournit cette réflexion; et l'on reconnaîtra, en examinant
de près le fait dont il s'agit, combien elle
est solide et judicieuse, et combien ici la
conduite de Cyrus est inexcusable.

Jamais personne ne dut mieux comprendre que lui de quelle importance est
la bonne éducation pour un jeune prince.
Il en avait connu lui-même tout le prix,
et senti tout l'avantage. Ce qu'il recom-
manda avec le plus de soin à ses officiers,
dans ce beau discours qu'il leur fit après
la prise de Babylone, pour les exhorter à
maintenir leur gloire et leur réputation,
fut d'élever leurs enfans comme ils savaient
qu'on le faisait en Perse, et de se conserver eux-mêmes dans la pratique de ce qu'on
y observait.

Croirait-on qu'un prince qui parlait et
pensait ainsi eût été capable de négliger
absolument l'éducation de ses enfans? C'est
pourtant ce qui arriva à Cyrus. Oubliant
qu'il était père, et ne s'occupant que de ses

conquêtes, il abandonna entièrement ce soin aux femmes, c'est-à-dire à des princesses élevées dans un pays où régnaient dans toute leur étendue le faste, le luxe et les délices; car la reine sa femme était de Médie. Ce fut dans ce goût que furent élevés les jeunes princes Cambyse et Smerdis. Rien ne leur était refusé. On allait au-devant de tous leurs desirs. La grande maxime était de ne les contrister en rien, de ne les jamais contredire, de n'employer à leur égard ni remontrances, ni réprimandes. On n'ouvrait la bouche en leur présence que pour louer tout ce qu'ils faisaient et disaient. Tout fléchissait le genou et était rampant devant eux; et l'on croyait qu'il était de leur grandeur de mettre une distance infinie entre eux et le reste des hommes, comme s'ils eussent été d'une autre espèce qu'eux. C'est Platon qui nous apprend tout ce détail; car Xénophon, apparemment pour épargner son héros, ne dit pas un mot de la manière dont ces princes furent élevés, lui qui a décrit si au long l'éducation que leur père avait reçue.

Ce qui m'étonne le plus, c'est qu'au moins Cyrus, dans ses dernières campagnes, ne les ait pas menés avec lui pour les tirer de cette vie molle et efféminée, et pour leur apprendre le métier de la guerre; car ils devaient alors avoir quelque âge : peut-être les femmes s'y opposèrent-elles.

Quoi qu'il en soit, une telle éducation eut tout le succès qu'on en pouvait attendre. Cambyse sortit de cette école tel que l'histoire nous le représente, un prince entêté de lui-même, plein de vanité et de hauteur, livré aux excès les plus honteux de la crapule et de la débauche, inhumain et barbare jusqu'à faire égorger son frère sur la foi d'un songe; en un mot, un insensé, un furieux, un frénétique, qui mit l'empire à deux doigts de sa perte.

Son père, dit Platon, lui laissa en mourant de vastes provinces, des richesses immenses, des troupes et des flottes innombrables : mais il ne lui avait pas donné ce qui pouvait les lui conserver, en lui en faisant faire un bon usage.

Ce philosophe fait les mêmes réflexions sur Darius et Xerxès. Le premier, n'étant point fils de roi, n'avait pas été élevé mollement à la manière des princes, et il avait porté sur le trône une longue habitude du travail, une grande modération d'esprit, un courage qui ne fut guère inférieur à celui de Cyrus, et qui lui fit ajouter à son empire presque autant de provinces que celui-ci en avait conquis; mais il ne fut pas meilleur père que lui, et ne profita pas de la faute qu'il avait faite en négligeant l'éducation de ses enfans. Aussi son fils Xerxès fut, à peu de chose près, un second Cambyse.

De tout ceci, Platon, après avoir montré qu'il y a une infinité d'écueils presque inévitables pour ceux qui sont nés dans le sein de la grandeur et de l'opulence, conclut que la principale cause de la décadence et de la ruine de l'empire des Perses a été la mauvaise éducation des princes, parce que ces premiers exemples firent la règle, et influèrent sur presque tous les successeurs, sous qui tout dégénéra de plus en plus, le luxe des Perses n'ayant plus ni mesure ni frein.

§ IV. C'est l'historien Xénophon qui nous apprend que le manque de bonne foi fut une des causes du renversement des mœurs parmi les Perses, et la destruction de leur empire. Autrefois, dit-il, le roi et ceux qui gouvernaient sous lui, regardaient comme un devoir indispensable de tenir leur parole, et de garder inviolablement les traités où la religion du serment était intervenue ; et cela à l'égard même de ceux qui s'en étaient rendus le plus indignes par leurs crimes et leur mauvaise foi : et c'est une conduite si sage qui leur avait attiré une confiance entière de la part de leurs sujets et de tous les peuples voisins. Voilà un grand éloge pour les Perses, qui tombe sans doute principalement sur le règne du grand Cyrus, et que Xénophon applique aussi à Cyrus le jeune, dont il dit que le grand principe était de ne manquer jamais de fidélité, sous quelque prétexte que ce fût, à l'égard des paroles qu'il avait données, des promesses qu'il avait faites, et des traités qu'il avait conclus. Ces princes avaient une juste idée de la royauté, et ils pensaient avec raison, que si la vérité et la probité étaient bannies du reste de la terre, elles devraient trouver un asile dans le cœur d'un roi, qui, étant le lien et le centre de la société, doit être aussi le protecteur et le vengeur de la bonne foi qui en est le fondement.

De si beaux sentimens, et si dignes d'un homme né pour le gouvernement, ne durèrent pas long-temps. La fausse prudence et l'artificieuse politique en prirent bientôt la place. Au lieu, dit Xénophon, que le vrai mérite, la probité, la bonne foi étaient auparavant en honneur et en crédit chez le prince, on vit dominer à la cour ces prétendus zélés serviteurs du roi, qui sacrifient tout à ses intérêts et à ses volontés; qui croient que le moyen le plus court et le plus sûr de faire réussir ses entreprises, c'est de mettre hardiment en usage le mensonge, la perfidie, le parjure; qui traitent de petitesse d'ame, de faiblesse d'esprit et d'imbécile stupidité, le scrupuleux attachement à sa parole et aux engagemens qu'on a pris; enfin qui sont persuadés qu'on ne peut régner si l'on ne préfère les considérations d'état à l'observation exacte des traités le plus sonnellement jurés.

Les peuples d'Asie, continue Xénophon, ne furent pas long-temps sans imiter le prince qui leur servait d'exemple et de maître pour la duplicité et la fourberie. Ils s'abandonnèrent bientôt à la violence, à l'injustice, à l'impiété; et de là est venu le changement étrange que l'on voit dans les mœurs, et le mépris qu'ils ont conçu pour leurs rois, qui est la suite naturelle et la punition ordinaire du peu de cas que ceux-ci font de ce que la religion a de plus sacré et de plus formidable.

En effet, le serment par lequel on scelle les traités, en y faisant intervenir la Divinité comme présente et comme garante des conditions, est une sainte et auguste cérémonie pour soumettre les rois au juge suprême, qui seul peut les juger, et pour tenir dans le devoir toute majesté humaine, en la faisant comparaître devant celle de Dieu, à l'égard de qui elle n'est rien. Or, est-ce un moyen d'attirer aux rois les respects du peuple, que de lui apprendre à ne plus craindre Dieu ? Quand cette crainte sera effacée dans les sujets, comme dans le prince, où sera la fidélité et l'obéissance, et sur quel appui le trône sera-t-il fondé ? Cyrus avait raison de dire qu'il ne reconnaissait pour bons serviteurs et pour fidèles sujets que ceux qui avaient de la religion et qui respectaient la Divinité; et il n'est pas étonnant que le mépris que fait de l'une et de l'autre un prince qui comptai pour rien la sainteté des sermens, ébranle, jusque dans leurs fondemens, les empires les plus fermes, et en cause tôt ou tard l'entière destruction. Les rois, dit Plutarque, quand il arrive des révolutions dans leurs états, se plaignent amèrement de l'infidélité des peuples, mais c'est bien à tort, et ils ne se souviennent pas que c'est eux-mêmes qui leur en ont donné les premières leçons en ne faisant nul cas de la justice et de la bonne foi, et en les sacrifiant toujours sans hésiter à leurs intérêts.

LIVRE CINQUIÈME.

HISTOIRE DE L'ORIGINE ET DES PREMIERS COMMENCEMENS DES DIFFÉRENS ETATS DE LA GRÈCE.

DE tous les pays connus dans l'antiquité, il n'y en a guère d'aussi célèbres que la Grèce, ni qui fournissent à l'histoire des monumens si précieux et des faits si éclatans. De quelque côté qu'on la considère, soit pour la gloire des armes, soit pour la sagesse des lois, soit pour l'étude des sciences et des arts, tout y a été porté à un haut degré de perfection ; et l'on peut dire, par rapport à tous ces objets, que la Grèce est devenue en quelque sorte l'école du genre humain.

Il n'est pas possible qu'on ne s'intéresse beaucoup à l'histoire d'un tel peuple, surtout quand on fait réflexion qu'elle nous a été transmise par des écrivains du plus rare mérite, dont plusieurs même se sont autant distingués par l'épée que par la plume, et ont été aussi bons capitaines et grands politiques qu'excellens historiens. C'est un grand secours, il faut l'avouer, d'avoir pour guides de tels hommes, d'un jugement exquis, d'une prudence consommée, d'un goût épuré et parfait en tout genre, qui fournissent, non-seulement les faits et les pensées aussi bien que les expressions dont il faut les revêtir, mais, ce qui est beaucoup plus important, les réflexions qui doivent les accompagner, et qui sont le fruit principal de l'histoire. Voilà les riches trésors où je puiserai tout ce que j'ai à dire, après que j'aurai passé les premières origines de la Grèce, qui ne peuvent pas être fort agréables, et sur lesquelles je ne ferai que couler légèrement. Mais avant que d'en parler, je crois nécessaire de tracer un plan abrégé de la situation du pays, et des différentes parties qui le composent.

ARTICLE PREMIER.

Description géographique de l'ancienne Grèce.

La Grèce ancienne, qui est maintenant la partie méridionale de la Turquie en Europe, était terminée au levant par la mer Égée, dite aujourd'hui l'Archipel; au midi par la mer de Crète ou de Candie; au couchant, par la mer d'Ionie; et au nord, par l'Illyrie et la Thrace.

Les parties de la Grèce ancienne sont: l'Epire, le Péloponèse, la Grèce proprement dite, la Thessalie, la Macédoine.

L'Épire. — Cette province est située au couchant, et séparée de la Thessalie et de la Macédoine par le mont Pindus, et par les monts appelés Acroceroniens.

Les peuples les plus connus qui l'habitent sont les *Molosses*, dont la ville principale est Dodone, célèbre par le temple et l'oracle de Jupiter; les *Chaoniens*, dont la ville est Orique; les *Thesprotiens*, dont la ville est Buthrotum, où était le palais et la demeure des Pyrrhus; les *Acarnaniens*, dont la ville est Ambracie, qui donna son

nom au golfe. Là se trouve Actium, célèbre par la victoire d'Auguste, qui bâtit
vis-à-vis de cette ville, de l'autre côté du
golfe, Nicopolis. Il y avait dans l'Epire
deux petites rivières fort connues dans la
fable, le Cocyte et l'Achéron.

Il fallait que l'Epire fût autrefois bien
peuplée, puisque Polybe dit que Paul-
Emile, après la défaite de Persée, dernier
roi de Macédoine, y détruisit soixante et
dix villes, dont la plus grande partie était
des Molosses, et en emmena cent cinquante
mille prisonniers.

LE PÉLOPONNÈSE. — C'est une presqu'île
qu'on nomme maintenant la Morée, qui ne
tient au reste de la Grèce que par l'isthme
de Corinthe, large seulement de six milles.
On sait que plusieurs princes ont tenté inutilement de couper cet isthme.

Ses parties sont : l'*Achaïe* proprement
dite, dont les principales villes sont Corinthe, Sicyone, Patræ, etc; l'*Elide* : c'est là
qu'est Olympia, appelée aussi Pisa, située
sur l'Alphée, où se célébraient les jeux
olympiques; la *Messénie* : Messène, Pyle,
la ville de Nestor, Corone, l'*Arcadie* : Cyl-
lène, montagne où Mercure prit naissance

Tégée, Stymphale, Mantinée, Mégalopolis, patrie de Polybe; la *Laconie* : Sparte ou Lacédémone, Amyclée, le mont Taygète, la rivière Eurotas, le cap Ténare; l'*Argolide* : Argos, surnommée Hippium, célèbre par le temple de Junon; Némée, Micènes, Nauplie, Trézène, Epidaure, où était le temple d'Esculape.

La Grèce proprement dite. — Ses parties principales sont :

L'*Etolie* : Chalcis, Calydon, Olénus; la *Doride* : les *Locres Ozoliens* : Naupacte, maintenant Lepante; connue par la défaite des Turcs en 1571; la *Phocide* : Anticyre, Delphes, sous la montagne du Parnasse, célèbre par les oracles qui s'y rendaient : là est aussi la montagne d'Hélicon *; la *Béotie* : Cythéron, montagne, Orchomène, Thespbie, Chéronée, illustre par la naissance de Plutarque, Platée, par la défaite de Mardonius : Thèbes, Aulide, fameuse par son port, d'où partit l'armée des Grecs pour aller assiéger Troie; Leuctre, par la victoire d'Épaminondas; l'*Attique* : Mégare, Eleusis, Décélie, Marathon, où Miltiade défit l'armée des Perses; Athènes :

* L'Hélicon est en Béotie.

ses ports étaient, le Pirée, Munychie, Pha-
lère, le mont Hymette, connu surtout par
son excellent miel; la *Locride.*

La Thessalie. — Les villes les plus connues de cette province sont : Gomphi,
Pharsale, près de laquelle Jules-César
remporta une victoire sur Pompée; Ma-
gnésie, Méthone, au siège de laquelle Philippe perdit un œil, les Thermopyles, dé-
filé fameux par la vigoureuse résistance de
trois cents Spartiates contre l'armée entière de Xerxès, et par leur glorieuse défaite; Phthie, Thèbes de Thessalie, Larisse,
Démétriade, les agréables vallons de Tempé
sur les bords du Pénée; Olympe, Pélion,
Ossa, trois montagnes célèbres dans les
fables par le combat des géans.

La Macédoine. — Je ne rapporterai
qu'un petit nombre de ses villes : *Epidamne*
ou *Dyrrachie*, maintenant *Durazzo*; *Ap-
pollonie* *, *Pella*, capitale du pays qui
donna naissance à Philippe, et à son fils
Alexandre-le-Grand; *Egée, Edesse, Pal-
lène, Olynthe*, qui a donné son nom aux

---

* M. Letronne remarque qu'Epidamne et Apol-
lonie étaient dans l'Illyrie, et non dans la Macédoine.

Olynthiaques de Démosthène; *Torone*, *Acanthe*, *Thessalonique*, maintenant *Salonichi*, *Stagire*, patrie d'Aristote; *Amphipolis*, *Philippes*, fameuse par la victoire d'Auguste et d'Antoine sur Brutus et Cassius; *Scotuse*, *Athos*, montagnes; le fleuve *Strymon*.

ILES DE LA GRÈCE. — Il y a plusieurs îles adjacentes à la Grèce, fort connues dans l'histoire. Dans la mer Ionienne, *Corcyre*, avec une ville du même nom, maintenant *Corfou*; *Céphatlénie* et *Zacinthe*, maintenant *Céphalonia* et *Zante*; *Ithaque*, patrie d'Ulysse, et *Dulichie*. Près du cap *Malée*, vis-à-vis la Laconie, *Cythère*. Dans le golfe Saronique, *Egine* et *Salamine*, si fameuse par le combat naval entre Xerxès et les Grecs. Entre la Grèce et l'Asie, les *Sporades*, les *Cyclades*, dont les plus connues sont *Andros*, *Délos*, *Paros*, d'où l'on tirait le beau marbre. Plus haut, dans la mer Egée, l'*Eubée*, maintenant *Négrepont*, séparée de la terre ferme par un petit bras de mer appelé *Euripe* : la ville la plus connue était *Chalcis*. En montant vers le septentrion, *Scyrus*; et beaucoup plus haut *Lemnos*, maintenant *Stali-*

3.

mène, *Samotrhace*. En descendant, *Lesbos*, dont la principale ville était *Mitylène*, qui a donné à l'île le nom de Mételin; *Chios*, Scio, vantée par son vin excellent. *Samos*; Quelques-unes de ces dernières îles sont attribuées à l'Asie.

L'île de *Grète*, ou de *Candie*, est la plus grande de celles qui sont voisines de la Grèce; elle a au septentrion la mer Egée ou l'Archipel, et au midi la mer d'Afrique. Ses principales villes étaient, *Gortyne*, *Cydon*, *Gnossus*; ses montagnes, *Dictée*, *Ida*, *Corcyus*. Son labyrinthe est connu de tout le monde.

Les Grecs avaient des colonies dans presques toutes ces îles.

Ils s'établirent aussi dans la Sicile, et dans une partie de l'Italie vers la Calabre, qui sont appelées pour cette raison la grande Grèce.

Mais leur grand établissement fut dans l'Asie mineure, et surtout dans l'*Eolie*, l'*Ionie* et la *Doride*. Les principales villes de l'Eolie sont : *Cume*, *Phocée*, *Elée*; de l'Ionie, *Smyrne*, *Clazomène*, *Téos*, *Lebédus*, *Colophon*, *Ephèse*; de la Doride, *Halicarnasse* et *Cnidus*.

Ils avaient encore un grand nombre de colonies répandues dans les différentes parties du monde, dont je parlerai quand l'occasion s'en présentera.

ARTICLE II.

Division de l'histoire grecque en quatre âges.

On peut distinguer dans les Grecs quatre différens âges, marqués par autant d'époques mémorables, qui tous ensemble renferment 2154 années :

Le premier s'étend depuis la fondation des petits royaumes de la Grèce, en commençant par celui de Sicyone, qui est le plus ancien, jusqu'au siège de Troie, et comprend environ 1000 ans, depuis l'an du monde 1820 jusqu'à 2820 ;

Le second s'étend depuis la prise de Troie jusqu'au règne de Darius, fils d'Hystaspe, qui est le temps où l'histoire des Grecs commence à se joindre avec celle des Perses, et comprend 663 ans depuis l'an du monde 2820 jusqu'à 3483 ;

Le troisième âge s'étend depuis le commencement du règne de Darius jusqu'à la mort d'Alexandre-le-Grand, qui est le beau temps de l'Histoire des Grecs, et comprend 198 ans, depuis l'an du monde 3483 jusqu'à 3681 ;

Enfin, le quatrième et dernier âge s'étend depuis la mort d'Alexandre, où les Grecs commencèrent à déchoir, jusqu'à ce qu'ils tombèrent enfin sous la domination des Romains; et l'époque de la ruine entière des Grecs est, d'un côté, la prise et la destruction de Corinthe par le consul L. Mummius en 3858, et de l'autre l'extinction du royaume des Séleucides en Asie par Pompée, l'an du monde 3939, et de celui des Lagides en Egypte par Auguste, l'an 3974. Ce dernier âge comprend en tout 293 ans.

De ces quatre âges, je ne parlerai ici que des deux premiers, et encore je ne les toucherai que très légèrement et pour en donner quelque idée aux lecteurs, parce que ces temps, du moins pour une grande partie, appartiennent plus à la fable qu'à l'histoire et sont couverts de ténèbres qu'il est difficile, pour ne pas dire impossible, de percer et d'éclaircir; et j'ai déja déclaré plusieurs fois que ce travail obscur et épineux, quoique très utile pour ceux qui veulent approfondir l'histoire, n'entrait point dans mon plan.

ARTICLE III.

Origine primitive des Grecs.

Pour avoir quelque chose de certain sur l'origine des Grecs, il faut nécessairement avoir recours à ce que nous apprend l'Ecriture sainte.

Javan ou *Ion* (car en hébreux les mêmes lettres, différemment ponctuées, forment ces deux noms), fils de Japhet, et petit-fils de Noé, est certainement le père de tous les peuples connus sous le nom de Grecs, quoiqu'il soit demeuré propre aux Ioniens dans cette nation : mais les Hébreux, les Chaldéens, les Arabes et les autres ne nomment point autrement le corps de la nation que les Ioniens ; et c'est pour cette raison qu'Alexandre est prédit dans Daniel sous le nom de roi de *Javan*.

Javan eut quatre enfans : Eliza, Tharsis, Cetthim et Dodanim. Comme Javan est l'origine des Grecs, il ne faut pas douter que ses quatre fils ne soient les chefs des principales tribus et des principales branches de cette nation, devenue depuis si célèbre par les arts et par la guerre.

Eliza est la même chose qn'*Ellas*, comme traduit du chaldaïque ; et ce nom grec est devenu commun à toute la nation, comme celui qui comprend tout le pays, n'a point d'autre origine. La ville d'Elide, fort ancienne dans le Péloponnèse, les champs Elisiens, la rivière Elissus ou Ilussus, ont retenu long-temps des traces du nom d'Eliza, et ont plus contribué à conserver sa mémoire que les historiens mêmes de la nation, curieux dans les affaires étrangères, et peu instruits de leur origine, parce qu'ils l'étaient peu de la religion véritable, et ne remontaient pas jusqu'à elle. C'est pourquoi ils donnent une autre source aux noms *Hellènes* ou *Iones*, comme nous le verrons dans la suite; car je me crois obligé de rapporter aussi leur sentiment.

Tharsis était le second fils de Javan. Il s'établit comme ses frères dans la Grèce, et peut-être dans l'Achaïe et les provinces voisines, comme Éliza dans le Péloponèse.

Cetthim. Il ne nous est pas permis de douter que ce ne soit le père des Macédoniens, après l'autorité du premier livre des Machabées, où il est dit dès le commencement qu'Alexandre, fils de Philippe Macédonien, sortit de son pays, qui était celui de Cetthim, pour aller faire la guerre à Darius, roi de Perse ; et dans le chap. 8, parlant des Romains et de leurs victoires sur les derniers rois de Macédoine, Philippe et Persée, il les appelle roi des Céthéens.

Dodanim. Il est fort vraisemblable que la Thessalie et l'Épire furent le partage de ce quatrième fils de Javan, et que le culte impie de Jupiter de Dodone, aussi bien que la ville de Dodone, sont des preuves que le premier auteur était demeuré dans la mémoire de ceux qui tenaient de lui l'établissement et la naissance.

Voilà tout ce qu'on peut dire de certain sur l'origine des Grecs : l'Écriture sainte, dont le but n'est pas de satisfaire la curiosité, mais de nourrir la piété, après ces légers rayons de lumière, nous laisse dans une profonde nuit sur le reste de leur histoire, qui ne peut être tirée que des auteurs profanes.

Si l'on en croit Pline, les Grecs s'appelèrent ainsi du nom d'un ancien roi fort obscur. Homère, dans ses poèmes, les nomme Hellènes, Danaens, Argiens, Achéens. Il est remarquable que le mot *Græcus* n'est jamais employé dans Virgile.

L'extrême rusticité des premiers Grecs ne paraîtrait pas croyable, si l'on pouvait sur ce point récuser leurs propres historiens. Un peuple assez entêté de son origine pour l'illustrer par des fables n'en aurait pas inventé pour l'avilir. Qui croirait que ce peuple, auquel on doit tout ce qu'on a de littérature et de belles connaissances, descendit de sauvages qui n'avaient point d'autre loi que la force; qui ignoraient l'agriculture, et broutaient à la manière des bêtes? C'est pourtant ce que nous attestent les honneurs divins qu'ils décernèrent à celui qui leur apprit à se nourrir du gland, comme d'un aliment plus sain et plus délicat que les herbes. Il y avait de là encore bien loin jusqu'à la politesse et à l'urbanité; aussi n'y arrivèrent-ils que par une longue succession de temps.

Les plus faibles ne furent pas les derniers à comprendre la nécessité de vivre ensemble pour se garantir de la violence et de l'oppression. Ils bâtirent des maisons, dont le nombre s'accrut insensiblement, et forma des bourgs et des villes *

* « Il existe en Grèce, en Italie et dans l'Asie

Mais la société d'habitation ne vint pas à bout d'humaniser de telles gens. L'Égypte et la Phénicie en eurent l'honneur. L'une et l'autre par leurs colonies instruisirent et civilisèrent les Grecs. Celle-ci leur enseigna la navigation, le commerce, l'écriture; l'autre les poliça par ses lois, les mit dans le goût des arts et des sciences, et les initia dans ses mystères.

La Grèce, dans les premiers temps, fut exposée à de grands mouvemens, et à de fréquentes mutations, parce que les habitans du pays n'ayant point entre eux de commerce, et n'y ayant alors de puissance supérieure qui imposât la loi aux

mineure, dit Letronne, des restes de murailles de villes, construites en pierres énormes, assemblées sans ciment, irrégulièrement placées, et non équarries, entièrement différentes du mode de construction connu et pratiqué dans l'Orient. On a tout lieu de croire que ces constructions, appelées par les anciens *Cyclopéennes*, sont d'une époque antérieure à l'arrivée des colonies égyptiennes et phéniciennes en Grèce; ce qui montre que les peuples indigènes avaient déja porté assez loin les arts mécaniques. C'est à M. Petit-Radel de l'Institut qu'on doit d'avoir attiré l'attention des savans sur ces restes curieux de la civilisation primitive de la Grèce et de l'Italie. »

autres, la violence décidait de tout. Les plus forts s'emparaient des terres qui leur paraissaient les plus fertiles, et en chassaient les possesseurs légitimes, qui allaient chercher ailleurs des établissemens. Comme l'Attique était un pays sec et stérile, ses habitans n'eurent pas les mêmes secousses à essuyer, et ils se conservèrent toujours dans leur premier terrain : c'est pourquoi ils s'appelaient *Antochones*, c'est-à-dire nés dans le pays même, à la différence de presque tous les autres peuples, qui étaient venus d'ailleurs.

Tels furent en général les premiers commencemens de la Grèce. Il faut maintenant descendre dans un plus grand détail, et exposer en peu de mots l'établissement des différens états qui la partagèrent.

ARTICLE IV.

Différens états dont la Grèce était composée.

Dans ces temps reculés, les royaumes étaient fort peu de chose, et souvent l'on en donnait le titre à une ville d'où dépendaient quelques lieues seulement de terrain.

SICYONE. Le plus ancien des royaumes de la Grèce est celui de Sicyone [Av. J. C. 2089]. Eusèbe en place le commencement

1313 ans avant la première olympiade.
On croit qu'il dura environ 1000 ans.

Argos. Le royaume d'Argos, dans le Péloponèse, commença 1080 ans avant la première olympiade, du temps d'Abraham. (Av. J.-C. 1856.) Le premier roi fut Inachus. Il eut pour successeur, Phoronée, son fils; Apis, qui donna son nom à cette contrée; Argus; et après plusieurs autres, Gelanor, qui fut dépouillé et chassé du royaume par Danaus, Égyptien. (Av. J.-C. 1474). Les successeurs de celui-ci furent Lyncée, fils d'Egyptus son frère, qui, seul de cinquante frères, échappa à la cruauté des Danaïdes; Abas; Proetus; Acrisius.

De Danaé, fille du dernier, naquit Persée, qui dans la suite, ayant tué par malheur son grand père Acrisius, et ne pouvant plus soutenir la vue d'Argos, où il avait commis ce meurtre involontaire, passa à Mycènes, et y établit le siège de son royaume.

Mycènes. Persée régna donc à Mycènes.

Il eut plusieurs enfans : entre autres, Alcée, Sthénélus, et Électryon. Alcée fut père d'Amphitryon; Sthénélus, d'Eurysthée; Electryon, d'Alcmène. Amphitryon épousa Alcmène, de laquelle et de Jupiter naquit Hercule.

Eurysthée et Hercule vinrent au monde le même jour; mais la naissance du premier ayant été avancée par la fraude de Junon, Hercule lui fut soumis, et obligé de subir par son ordre les douze travaux si célèbres dans la fable.

Les rois qui régnèrent à Mycènes, après Persée, furent ELECTRION, STHENELUS, EURYSTHEE. Celui-ci, après la mort d'Hercule, déclara une guerre ouverte à ses descendans, dans la crainte qu'ils n'entreprissent un jour de le détrôner. En effet, les Héraclides, ayant tué dans un combat Eurysthée, entrèrent victorieux dans le Péloponèse, et s'en rendirent maîtres. Mais, comme c'était avant le temps marqué par les destins, une peste qui survint, jointe à un oracle, les obligea d'en sortir. Trois ans après, trompés par une expression ambiguë de l'oracle, ils firent une nouvelle tentative, qui fut encore inutile : c'était environ vingt ans avant la prise de Troie.

ATREE, fils de Pélops, oncle maternel d'Eurysthée, lui avait succédé. C'est de

la sorte que la couronne passa aux descendans de Pélops , qui donnèrent leur
nom au Péloponèse, appelé auparavant
Apie. La haine meurtrière des deux frères
Atrée et Thyeste est connue de tout le
monde.

PLISTHÈNE, fils d'Atrée , succéda à son
père au royaume de Mycènes , qu'il laissa
à son fils.

AGAMEMNON, qui eut pour successeur
son fils ORESTE. Le royaume de Mycènes
fut rempli de crimes et d'horreurs depuis
qu'il eut passé dans la famille de Pélops.

HISAMÈNE et PENTHILLE, fils d'Oreste,
régnèrent après lui : ils furent chassés du
Péloponèse par les Héraclides.

ATHÈNES. (Av. J. C. 1556.) CÉCROPS,
originaire d'Egypte, fut le fondateur de ce
royaume. S'étant établi dans l'Attique, il
divisa tout ce qui lui était soumis en douze
cantons. Ce fut lui qui établit l'Aréopage.

Cette auguste compagnie rendit sous
Cranaüs, son successeur, le fameux jugement entre Neptune et Mars. Ce fut de son
temps qu'arriva le déluge de Deucalion.
Celui d'Ogygès en Attique est beaucoup
plus ancien, et était arrivé 1020 ans avant

la première olympiade, et par conséquent l'an du monde 2208.

Amphictyon, troisième roi d'Athènes, procura une confédération de douze peuples, qui s'assemblaient deux fois l'an aux Thermopyles pour y faire des sacrifices communs, et pour y délibérer ensemblé sur les affaires publiques et particulières de chaque peuple. Elle fut nommée l'assemblée des Amphictyons.....

Sous *Erecthée*, l'on marque l'arrivée de Cérès en Attique, après l'enlèvement de sa fille, et l'établissement des mystères à Éleusis.

(Av. J.-C. 1284.) Le règne d'*Egée*, fils de Pandion, est le temps le plus illustre de l'histoire des héros. C'est sous lui qu'on place l'expédition des Argonautes, les fameux travaux d'Hercule, la guerre de Minos, second roi de Crète, contre les Athéniens; l'histoire de Thésée et d'Ariane.

Thésée succéda à son père Egée. Cécrops avait partagé l'Attique en douze bourgs, douze cantons, séparés les uns des autres. Thésée fit comprendre aux peuples les avantages d'un gouvernement commun, et des douze bourgs n'en fit qu'une ville, où toute l'autorité fut réunie.

Codrus fut le dernier roi d'Athènes. Il se dévoua pour son peuple.

Après lui le titre de roi fut éteint par les Athéniens. (Av. J.-C. 1070.) *Médon*, son fils, fut mis à la tête de la république, avec le titre d'archonte, c'est-à-dire de gouverneur ou de président. Les premiers archontes furent à vie ; mais les Athéniens, fatigués d'une domination qui leur paraissait encore trop approcher de la royauté, élurent de nouveaux archontes de dix en en dix ans, et enfin rendirent cette charge annuelle.

Thèbes. (Av. J.-C. 1455.) *Cadmus*, venu par mer des côtes de la Phénicie, c'est-à-dire des environs de Tyr et de Sidon, se saisit du pays appelé depuis la Béotie. Il y bâtit la ville de Thèbes, ou du moins une citadelle, appelée de son nom Cadmée, et y établit le siège de sa domination et de sa puissance.

Les funestes malheurs de Laïus, l'un de ses successeurs, et de Jocaste sa femme, d'OEdipe leur fils, d'Étéocle et de Polynice, nés du mariage incestueux de Jocaste et d'OEdipe, ont fourni une ample matière aux récits de la fable et aux actions du théâtre.

Sparte ou Lacédémone.—On croit que Lélex, premier roi de la Laconie, commença à régner environ 1516 ans avant l'ère chrétienne.

Tyndare, neuvième roi de Lacédémone, eut de Léda Castor et Poullux, jumeaux, outre Hélène et Clytemnestre, femme d'Agamemnon, roi de Mycènes. Ayant survécu à la mort des deux jumeaux ses enfans, il songea à se choisir un successeur en choisissant un époux à Hélène sa fille, Tous les prétendans s'engagèrent par serment de s'en tenir au choix de cette princesse, qui se détermina en faveur de Ménélas. A peine eut-elle été trois ans avec son mari, qu'elle fut enlevée par Alexandre Pâris, fils de Priam, roi des Troyens. Cet enlèvement fut l'occasion de la guerre de Troie. La Grèce commença proprement à essayer ses forces unies au siège de cette ville, où les Achille, les Ajax, les Nestor et les Ulisse firent pressentir à l'Asie qu'elle obéirait un jour à leur postérité. La ville fut prise par les Grecs après un siège de dix ans, à peu près dans le temps que Jephté conduisait le peuple de Dieu, c'est-à-dire, selon Ussérius, l'année du monde 2820, 1184 ans avant J.-C. Cette époque est célèbre dans l'histoire et doit être retenue avec soin, aussi bien que celle des olympiades.

On appelle *olympiade* la révolution de quatre années complètes depuis une célébration des jeux olympiques jusqu'à l'autre. Nous exposerons ailleurs l'établissement de ces jeux, qui se célébraient tous les quatre ans près de la ville de Pise, appelée autrement Olympie. L'ère commune des olympiades commen ce à l'été de l'année du monde 3228, et 776 ans avant Jésus-Christ, dans les jeux où Corèbe remporta le prix de la course.

Quatre-vingts ans après la prise de Troie, les Héraclides rentrèrent dans le Péloponèse, et se saisirent de Lacédémone, où deux frères, Eurysthène et Proclès, fils d'Aristodème, régnèrent ensemble. Et depuis eux le sceptre demeura toujours conjointement dans ces deux familles. Plusieurs années après, Lycurgue donna à Sparte ces lois qui l'ont rendue si célèbre. J'en parlerai dans la suite avec étendue.

CORINTHE. — Corinthe commença plus tard que les autres villes dont nous venons de parler à être gouvernée par des rois particuliers. D'abord elle fut soumise à ceux d'Argos et de Mycènes. Sisyphe, fils d'Éole, s'en rendit maître. Sa race en fut chassée par les Héraclides environ 110 ans après le siège de Troie (Av. J.-C. 1376.) Les descendans de Bacchis y régnèrent ensuite Sous eux le gouvernement monarchique fit place à l'aristocratique, c'est-à-dire que les anciens gouvernèrent, choisissant entre eux tous les ans un premier magistrat qu'ils appelaient *prytanis*. Enfin, Cypsélus, ayant gagné le peuple, s'empara de l'autorité, qu'il fit passer à son fils Périandre, fort connu parmi les sages de la Grèce au nombre desquels son goût pour les sciences et pour les gens savans l'a fait ranger.

La Macédoine. — On fut long-temps parmi les Grecs sans faire beaucoup d'attention à la Macédoine. Il semblait que ses rois, relégués dans les bois et les montagnes, ne faisaient point partie du reste de la Grèce. Ils prétendaient descendre d'Hercule par Cranaüs, le premier d'entre eux. (Av. J.-C. 794.) Philippe et Alexandre son fils relevèrent extrêmement la gloire de ce royaume. Il avait déjà duré 471 ans jusqu'à la mort d'Alexandre, et il en dura encore 155 jusqu'à la prise de Persée par les Romains; ce qui fait en tout 626 ans.

ARTICLE V.
Transmigrations des Grecs dans l'Asie mineure.

Nous avons déja remarqué que, quatre-vingts ans après la prise de Troie, les Héraclides se remirent en possession du Péloponèse, ayant défait les Pélopides, c'est-à-dire Tisamène, et Penthile, fils d'Oreste, et qu'ils partagèrent entre eux les royaumes de Mycènes, d'Argos et de Lacédémone.

Une si grande révolution changea presque toute la face de la Grèce, et donna lieu à plusieurs transmigrations fort célèbres. Pour les mieux entendre, et pour avoir une idée plus nette de la situation de plusieurs peuples de la Grèce, et des quatre dialectes ou différentes langues qui y régnèrent, il est nécessaire de reprendre les choses de plus haut.

Deucalion, qui régna en Thessalie, et sous qui arriva le déluge qui porte son nom, eut de Pyrrha sa femme deux fils, qui furent Hellen et Amphictyon. Celui-ci, ayant chassé d'Athènes Cranaüs, y régna à sa place. Hellen, si l'on en croit les historieus de sa nation, donna son nom aux Grecs, qui furent depuis appelés Hellènes. Il eut trois fils, Eolus, Dorus et Xuthus.

Éolus, qui était l'aîné, succéda à son père, et, outre la Thessalie, il eut en partage la Locride et la Béotie. Plusieurs de ses descendans entrèrent dans le Péloponèse avec Pélops, fils de Tantale, roi de Phrygie, qui donna son nom au Péloponèse, et s'établirent dans la Laconie.

La contrée voisine du Parnasse échut à Dorus, et fut appelée de son nom la Doride.

Xuthus, contraint par ses frères, pour quelque mécontentement particulier, de quitter son pays, se retira dans l'Attique, où il épousa la fille d'Erechthée, roi des Athéniens, dont il eut deux fils, Achéus et Ion.

Un meurtre involontaire commis par Achéus l'obligea de se retirer dans le Péloponèse, qui était nommé pour lors Egialée, et dont une partie fut appelée de son nom Achaïe. Ses descendans s'établirent à Lacédémone.

Ion, s'étant signalé par ses victoires, fut appelé par les Athéniens au gouvernement de leur ville, et donna son nom au pays ; car les habitans de l'Attique sont aussi appelés Ioniens. Le nombre des citoyens s'accrut à tel point, que les Athéniens se trouvèrent obligés d'envoyer dans le Péloponèse une colonie d'Ioniens, qui communiquèrent ainsi leur nom à la contrée qu'ils occupèrent.

Ainsi tous les habitans du Péloponèse, quoique composés de différens peuples, furent tous réunis sous les noms d'Achéens et d'Ioniens.

Les Héraclides, quatre-vingts ans après la prise de Troie, songèrent sérieusement à se remettre en possession du Péloponèse, qu'ils croyaient leur appartenir de droit. Ils avaient trois chefs principaux, fils d'Aristomaque, savoir : Témène, Cresphonte et Aristodème. Celui-ci étant mort, ses deux fils Eurystène et Proclès prirent sa place. Le succès de leur expédition fut aussi heureux que le motif en paraissait juste, et ils rentrèrent en possession de leur ancien domaine. Argos échut à Témène, la Messénie à Cresphonte, et la Laconie aux deux fils d'Aristodème.

Ceux des Achéens qui descendaient

d'Eolus, et qui jusque là avaient habité dans la Laconie, et ayant été chassés par les Doriens qui étaient rentrés dans le Péloponèse avec les Héraclides, s'établirent, après quelques courses, dans le canton de l'Asie mineure, qui dépuis fut appelé l'Eolide, où ils fondèrent Smyrne et onze autres villes. Mais la ville de Smyrne passa dans la suite aux Ioniens. Les Eoliens occupèrent aussi plusieurs villes de Lesbos.

Quant aux Achéens de Mycènes et d'Argos, comme ils se virent contraints d'abandonner leurs pays aux Héraclides, ils s'emparèrent de celui des Ioniens, qui habitaient comme eux dans le Péloponèse. Ceux-ci se refugièrent d'abord à Athènes, qui était leur patrie originaire, d'où ils partirent quelque temps après sous la conduite de Nilée et d'Androcle, tous deux fils de Codrus, et s'emparèrent de cette côte de l'Asie mineure qui est entre la Carie et la Lydie, et qui de leur nom fut appelée Ionie; et ils y bâtirent douze villes, Ephèse, Clazomène, Samos, etc.

La puissance des Athéniens, qui avaient

alors pour roi Codrus, s'étant fort aug-
mentée par le grand nombre de ceux qui
se réfugiaient dans leur pays, les Héraclides crurent devoir s'opposer à leurs progrès, et les attaquèrent. Ceux-ci furent
vaincus dans un combat; mais ils ne laissèrent pas de demeurer maîtres de la Mé-
garide, où ils bâtirent Mégare, et établirent dans ce pays les Doriens à la place des
Ioniens.

Une partie de ces Doriens demeura dans
le pays après la mort de Codrus; quelques-
uns passèrent en Crète; le plus grand
nombre s'établit dans cette partie de l'Asie
mineure qui de leur nom a été appelée
Doride. Ils y bâtirent Halicarnasse, Cnide
et d'autres villes; et s'établirent dans les
îles de Rhodes, de Cos, etc.

Dialectes des Grecs.

Il sera maintenant plus aisé d'entendre
ce qui regarde les dialectes de la Grèce.

Il y en avait quatre, savoir : l'attique,
l'ionien, le dorique et l'éolien. C'étaient
autant de langages, parfait chacun dans
leur genre, dont différens peuples se servaient, mais qui avaient tous une même
langue pour fondement. Et cette diversité

de langage ne doit pas paraître étonnante dans un pays dont les habitans ne dépendaient point les uns des autres, mais avaient chacun leur domaine particulier.

1° Le dialecte attique est celui qui était usité dans Athènes et dans le pays circonvoisin. Il a été suivi particulièrement par Thucydide, Aristophane, Platon, Isocrate, Xénophon et Démosthène.

2° L'ionien était presque le même que l'ancien attique. Mais passant depuis dans quelques villes de l'Asie mineure, et dans les îles adjacentes, qui étaient colonies des Athéniens et de ceux de l'Achaïe, il reçut là comme une nouvelle teinture, et ne suivit pas toute la délicatesse où arrivèrent depuis les Athéniens. C'est en cette langue qu'ont écrit Hippocrate et Hérodote.

3° Le dorique a été premièrement en usage parmi les Lacédémoniens, et ceux d'Argos. Ensuite il passa dans l'Epire, dans la Libye, la Sicile, Rhodes et Crète. C'est celui qu'ont suivi Archimède et Théocrite, tous deux de Syracuse, et Pindare.

4° L'éolien a été d'abord usité parmi les Béotiens et leurs voisins, puis dans l'Eolie, région de l'Asie mineure entre l'Ionie et la Mysie, qui comprenait dix ou douze villes, colonies des Grecs. C'est celui qui a été suivi par Sapho et Alcée, dont il reste peu de chose. On le trouve aussi mêlé dans Théocrite, Pindare, Homère, et dans plusieurs autres.

ARTICLE VI.
Gouvernement républicain établi presque généralement dans toute la Grèce.

On a pu remarquer, dans le peu que j'ai dit des divers établissemens de la Grèce, que le fond primordial de tous ces différens états était le gouvernement monarchique, le plus ancien de tous, le plus universellement répandu, le plus propre à entretenir la paix et la concorde, et, comme l'observe Platon, formé sur le modèle de l'autorité paternelle, et de cet empire doux et modéré que les pères exerçaient dans leur famille.

Les choses ayant dégénéré peu à peu par l'injustice des usurpateurs, par la dureté des maîtres légitimes, par les soulèvemens des peuples, et par mille autres révolutions qui arrivèrent dans ces états un esprit tout contraire au premier s'empara de la Grèce entière, y alluma un desir violent de la liberté, et établit partout, excepté dans la Macédoine, un gouvernement républicain, mais varié en presque autant de manière qu'il y avait de différentes villes, selon le génie et le caractère de chacun des peuples.

Il resta toujours néanmoins je ne sais quel levain de l'ancienne domination, qui réveilla de temps en temps l'ambition de plusieurs citoyens, et leur inspira le desir de se rendre maîtres de leur patrie. Dans presque tous ces petits états de la Grèce, on vit souvent des particuliers qui, n'ayant aucun droit au trône, ni par leur naissance, ni par le choix des citoyens, cherchèrent à s'y élever par cabale, par trahison, par violence; et qui, sans respect pour les lois, sans égard pour le bien public, exercèrent l'autorité souveraine avec un empire despotique et un pouvoir arbitraire. Pour se maintenir dans leur injuste usurpation, au milieu des défiances et des alarmes, ils se crurent obligés de prévenir de fausses conjurations, ou de réprimer des conspirations réelles par les plus cruelles proscriptions, et de sacrifier à leur sûreté tous ceux que leur mérite, leur rang, leurs richesses, leur zèle pour la liberté, leur amour pour la patrie, rendaient suspects à un gouvernement soupçonneux et mal affermi, qui sentait bien qu'il était haï de tous, et qu'il méritait de l'être. C'est cette conduite inhumaine qui rendit ces hommes si odieux sous le nom de tyrans, et qui fournit une si ample matière aux déclamations des orateurs, et aux représentations tragiques du théâtre.

De toutes ces villes et de toutes ces parties de la Grèce, séparées entièrement, ce semble, les unes des autres par leurs lois, leurs coutumes, leurs intérêts, se forma néanmoins un seul tout et un corps unique, dont les forces s'accrurent jusqu'au point de faire trembler la puissance formidable des Perses sous Darius et Xerxès, et qui l'aurait peut-être absolument détruite dès lors, si la Grèce avait pu se maintenir dans cette union et cette concorde qui la rendait invincible; c'est le spectacle qui va nous occuper dans la suite, et qui mérite certainement toute l'attention de nos lecteurs. Nous verrons, dans les volumes qui suivront, un petit peuple, renfermé dans l'enceinte d'un pays qui n'égalait pas le quart de la France, aux prises avec le plus puissant empire qui fût alors sur la terre; et nous le verrons, non seulement tenir tête aux armées innombrables des Perses, mais les dissiper, les mettre en fuite, les tailler en pièces, et réduire quelquefois l'orgueil persan à accepter des conditions de paix aussi honteuses pour les vaincus que glorieuses pour les vainqueurs.

Parmi les villes de la Grèce, deux se distinguèrent particulièrment, et s'acquirent une autorité et une sorte de supériorité sur toutes les autres, que le mérite seul leur attira: ce sont Lacédémone et Athènes. Comme elles soutiendront un grand personnage dans l'histoire qui va suivre, avant que d'entrer dans ce détail, je crois devoir donner par avance quelque idée du génie, du caractère, des mœurs, du gouvernement de ces deux peuples. Plutarque, dans les vies de Lycurgue et de Solon, me fournira la principale partie de ce que j'ai à dire sur ce sujet.

ARTICLE VII.

Gouvernement de Lacédémone ; lois établies par Lycurgue.

Il n'y a peut être rien dans toute l'histoire profane de plus attesté, ni en même temps de plus incroyable que ce qui regarde le gouvernement de Lacédémone, et la discipline que Lycurgne y avait établie. Ce législateur était fils d'Eunomus, l'un des deux rois qui commandaient ensemble à Sparte. Il lui eût été facile de monter sur le trône après la mort de son frère aîné, qui n'aurait point laissé d'enfant mâle; et il fut roi en effet pendant quelques jours. Mais dès que la grossesse de sa belle sœur fut connue, il déclara que la royauté appartenait à l'enfant qui en naîtrait, si c'était un fils, et dès ce moment il administra le royaume comme son tuteur. Cependant la veuve lui envoya dire sous main, que, s'il voulait lui promettre de l'épouser quand il serait roi, elle ferait périr son fruit. Une proposition si détestable fit horreur à Lycurgue : il dissimula néanmoins, et, amusant cette femme par différens prétextes, il la mena jusqu'à son terme. Quand l'enfant fut né, il le déclara roi, et le fit nourrir avec grand soin. La joie que sa naissance causa au peuple le fit nommer CHARILAUS.

L'état était pour lors dans un grand

désordre, l'autorité des rois étant absolument méprisée, et celle des lois encore plus : nul frein ne pouvait retenir l'audace du peuple, qui allait tous les jours en croissant.

Lycurgue conçut le hardi dessein de réformer en tout le gouvernement de Lacédémone : et pour être en état d'y établir de plus sages règlemens, il jugea à propos de faire plusieurs voyages, afin de connaître par lui-même les différentes mœurs des peuples, et de consulter ce qu'il y avait de personnes plus habiles et plus expérimentées dans l'art de gouverner. Il commença par l'île de Crète, dont les lois dures et austères étaient fort célèbres : il passa de là en Asie, où régnait une conduite tout opposée ; et enfin il se rendit en Egypte, le domicile des sciences, de la sagesse et des bons conseils.

Sa longue absence ne servit qu'à le faire plus desirer de ses citoyens ; et les rois mêmes pressèrent son retour, sentant bien qu'ils avaient besoin de son autorité pour contenir le peuple dans le devoir et dans l'obéissance. Dès qu'il fut retourné à Sparte, il travailla à changer toute la forme du gouvernement, persuadé que quelques lois particulières ne produiraient pas un grand effet.

Mais avant que d'exécuter son dessein, il alla à Delphes pour consulter Apollon ; et, après avoir offert son sacrifice, il reçut cet oracle si célèbre, dans lequel la prêtresse l'appelait ami des dieux, et Dieu plutôt qu'homme. Et, quant à la grâce qu'il avait demandée de pouvoir établir de bonnes lois dans son pays, elle lui déclarait que le dieu avait exaucé ses prières, et que la république qu'il allait former serait la plus excellente république qui eût jamais été.

Étant revenu à Lacédémone, il commença par gagner les principaux de la ville, à qui il communiqua ses vues ; et s'étant assuré de leur consentement, il vint dans la place publique accompagné de gens armés, pour étonner et pour intimider ceux qui voudraient s'opposer à son entreprise.

On peut rappeler à trois principaux établissemens la nouvelle forme de gouvernement qu'il introduisit à Lacédémone.

Premier établissement : Sénat.

De tous les nouveaux établissemens de

Lycurgue, le plus grand et le plus considérable fut celui du sénat, lequel, comme
dit Platon, tempérant la puissance trop
absolue des rois par une autorité égale à la
leur, fut la principale cause du salut de
cet état. Car, au lieu qu'auparavant il était
toujours chancelant, et qu'il penchait tantôt vers la tyrannie par la violence des rois,
tantôt vers la démocratie par le pouvoir
trop absolu du peuple, ce sénat lui servit
comme d'un contre-poids qui le maintint
dans l'équilibre, et qui lui donna une as-
siette ferme et assurée, les vingt-huit sénateurs qui le composaient se rangeant du
côté des rois quand le peuple voulait se
rendre trop puissant, et fortifiant au contraire le parti du peuple quand les rois
voulaient porter trop loin leur autorité.

Lycurgue ayant ainsi tempéré le gouvernement, ceux qui vinrent après lui
trouvèrent la puissance des trente, qui
composaient le sénat, encore trop forte
et trop absolue, c'est pourquoi ils lui donnèrent un frein, en lui opposant l'autorité
des éphores, environ cent trente ans après
Lycurgue. Les éphores étaient au nombre
pe cinq, et ne demeuraient qu'un an en

charge. Ils étaient tous tirés du peuple, et par là ressemblaient assez aux tribuns du peuple chez les Romains. Ils avaient droit de faire arrêter les rois, et de les faire mener en prison, comme cela arriva à l'égard de Pausanias. Ce fut sous le roi Théopompe que commencèrent les éphores. Sa femme lui ayant reproché qu'il laisserait à ses enfans la royauté beaucoup moindre qu'il ne l'avait reçue, il lui répondit : *Au contraire, je la leur laisserai plus grande, parce qu'elle sera plus durable.*

Le gouvernement de Lacédémone n'était donc pas purement monarchique ; les grands y avaient beaucoup de part, et le peuple n'en était pas exclu. Toutes les parties de ce corps politique, à mesure qu'elles conspiraient au bien général, y trouvaient le leur ; en sorte que, malgré l'inquiétude et l'inconstance du cœur humain, qui soupire toujours après le changement et ne se guérit jamais de son dégoût pour l'uniformité, Lacédémone, pendant plusieurs siècles, se maintint dans l'observation de ses lois.

Second établissement : Partage des terres, et décri de la monnaie d'or et d'argent.

Le second établissement de Lycurgue et le plus hardi fut le partage des terres. Il le jugea absolument nécessaire pour rétablir dans la république, la paix et le bon ordre. La plupart des habitans du pays étaient si pauvres, qu'ils n'avaient pas un seul pouce de terre, et tout le bien se trouvait entre les mains d'un petit nombre de particuliers. Pour bannir donc l'insolence, l'envie, la fraude, le luxe, et deux autres maladies du gouvernement encore plus anciennes et plus grandes que celles-là, je veux dire l'indigence et les excessives richesses, il persuada à tous les citoyens de remettre leurs terres en commun, et d'en faire un nouveau partage, pour vivre ensemble dans une parfaite égalité, ne donnant les prééminences et les honneurs qu'à la vertu et au mérite.

Cela fut aussitôt exécuté. Il partagea les terres de la Laconie en trente mille parts, qu'il distribua à ceux de la campagne, et il fit neuf mille parts du territoire de Sparte, qu'il distribua à autant de citoyens. On dit que, quelques années après,

Lycurgue, au retour d'un long voyage, traversant les terres de la Laconie qui venaient d'être moissonnées, et voyant les tas de gerbes parfaitement égaux, il se tourna vers ceux qui l'accompagnaient et leur dit en riant : *Ne semble-t-il pas que la Laconie soit l'héritage de plusieurs frères qui viennent de faire leurs partages ?*

Après les immeubles, il entreprit de leur faire aussi partager également les autres biens, pour achever de bannir d'entre eux toute sorte d'inégalité ; mais, voyant qu'ils le supporteraient avec plus de peine s'il s'y prenait ouvertement, il y procéda par une autre voie en sapant l'avarice par les fondemens * ; car premièrement il décria toutes les monnaies d'or et d'argent, et ordonna qu'on ne se servirait que de

---

* « Il prit encore un autre moyen, dit M. Letronne ; il ordonna que personne ne pourrait refuser à qui les demanderait les objets dont on ne se servait point dans le moment ; et même qu'on pourrait prendre chez son voisin les choses dont on aurait besoin sans les demander, à la seule condition de les rendre non-endommagées. (XÉNOPH. *Rep. Laced.* VI, § 3 ; ARISTOT. *Politic.* II, cap. 2. § 5. Ed. *Schneid.*) C'est ainsi que Lycurgue parvint à détruire la propriété. »

monnaie de fer, qu'il fit d'un si grand poids et d'un si bas prix, qu'il fallait une charrette à deux bœufs pour porter une somme de dix mines, et une chambre entière pour la serrer.

De plus, il chassa de Sparte tous les arts inutiles et superflus; mais, quand il ne les aurait pas chassés, la plupart seraient tombés d'eux-mêmes, et auraient disparu avec l'ancienne monnaie, parce que les artisans ne trouvaient pas à se défaire de leurs ouvrages et que cette monnaie de fer n'avait point de cours chez les Grecs; qui, bien loin de l'estimer, s'en moquaient et en faisaient des railleries.

Troisième établissement : Repas publics.

Lycurgue, voulant encore faire plus vivement la guerre à la mollesse et au luxe, et achever de déraciner l'amour des richesses, fit un troisième établissement; ce fut celui des repas. Pour en écarter toute somptuosité et toute magnificence, il ordonna que tous les citoyens mangeraient ensemble des mêmes viandes qui étaient réglées par la loi, et il leur défendit expressément de manger chez eux en particulier.

Par cet établissement des repas communs, et par cette frugale simplicité de la table, on peut dire qu'il fit changer en quelque sorte de nature aux richesses, en les mettant hors d'état d'être desirées, d'être volées et d'enrichir leurs possesseurs; car il n'y avait plus aucun moyen d'user ni de jouir de son opulence, non pas même d'en faire parade, puisque le pauvre et le riche mangeaient ensemble en même lieu; et il n'était pas permis de se présenter aux salles publiques après avoir pris la précaution de se remplir d'autres nourritures, parce que tous les convives observaient avec grand soin celui qui ne buvait et ne mangeait point, et lui reprochait son intempérance, ou sa [trop grande délicatesse, qui lui faisaient mépriser ces repas publics.

Les riches furent extrêmement irrités de cette ordonnance; et ce fut à cette occasion que, dans une émeute populaire, un jeune homme, nommé Alcandre, creva un œil à Lycurgue d'un coup de bâton. Le peuple, indigné d'un tel outrage, remit le jeune homme entre les mains de Lycurgue, qui sut bien s'en venger; car par les mamières pleines de bonté et de douceur avec lesquelles il le traita, de violent et d'emporté qu'il était, il le rendit en assez peu de temps très modéré et très sage.

Les tables étaient chacune d'environ quinze personnes, et pour y être reçu il fallait être agréé de toute la compagnie. Chacun apportait par mois un boisseau de farine, huit mesures de vin, cinq livres de fromage, deux livres et demie de figues, et quelque peu de leur monnaie pour l'apprêt et l'assaisonnement des vivres. On était obligé de se trouver au repas public; et, long-temps après, le roi Agis, au retour d'une expédition glorieuse, ayant voulu s'en dispenser pour manger avec la reine sa femme, fut réprimandé et puni.

Les enfans même se trouvaient à ces repas et on les y menait comme à une école de sagesse et de tempérance. Là, ils entendaient de graves discours sur le gouvernement, et ne voyaient rien qui ne les instruisît. La conversation s'égayait souvent par des railleries fines et spirituelles, mais qui n'étaient jamais basses ni choquantes, et dès qu'on s'apercevait qu'elles faisaient peine à quelqu'un, on s'arrêtait tout court.

On les accoutumait aussi au secret; et, quand un jeune homme entrait dans la salle, le plus vieux lui disait en montrant la porte : Rien de tout ce qui se dit ici ne sort par là.

Le plus exquis de tous leurs mets était ce qu'ils appelaient la sauce noire, et les vieillards la préféraient à tout ce qu'on leur servait sur la table. Denys le Tyran, s'étant trouvé à un de ces repas, n'en jugea pas de même, et ce ragoût lui parut fort fade. Je ne m'en étonne pas dit celui qui l'avait préparé, l'assaisonnement y a manqué. Et quel assaisonnement, reprit le tyran? La course, la sueur, la fatigue, la faim, la soif; car c'est là, ajouta le cuisinier, ce qui assaisonne ici tous nos mets.

Autres ordonnances.

Quand je parle d'ordonnances de Lycurgue, je n'entends pas des lois écrites : il crut n'en devoir laisser presque aucune de cette sorte, persuadé que ce qu'il y a de plus fort et de plus efficace pour rendre les villes heureuses et les peuples vertueux, c'est ce qui est empreint dans les mœurs et dans l'esprit des citoyens par la pratique même; car les principes que l'éducation y

a gravés demeurent fermes et inébranla-
bles, comme étant fondés par la volonté
seule, qui est toujours un lien plus fort et
plus durable que le joug de la nécessité;
et les jeunes gens qui ont été ainsi nourris
et élevés deviennent eux-mêmes leurs lois
et leurs législateurs. Voilà pourquoi Lycurgue, au lieu de laisser ses règlemens
par écrit, les mit en usage, et les fit pratiquer.

Il regardait l'éducation des enfans
comme la plus grande et la plus importante affaire d'un législateur. Son grand
principe était qu'ils appartenaient encore
plus à l'état qu'à leurs pères; et c'est pour
cela qu'il ne laissa pas ceux-ci maîtres de
les élever à leur gré, et qu'il voulut que le
public s'emparât de leur éducation, afin
de les former sur des principes constans et
uniformes; qui inspirassent de bonne heure
l'amour de la patrie et de la vertu.

Sitôt qu'un enfant était né, les anciens
de chaque tribu le visitaient; et s'ils le trouvaient bien formé, fort et vigoureux, ils
ordonnaient qu'il fût nourri, et lui assi-
gnaient une des neuf mille portions pour
son héritage. Si au contraire, ils le trou-

vaient mal fait, délicat et faible, et s'ils jugeaient qu'il n'aurait ni force ni santé, ils le condamnaient à périr, et le faisaient exposer.

On accoutumait de bonne heure les enfans à n'être point difficiles ni délicats pour le manger, à n'avoir point de peur dans les ténèbres; à ne s'épouvanter pas quand on les laissait seuls; à ne point se livrer à la mauvaise humeur, ni à la criaillerie, ni aux pleurs; à marcher nu-pieds pour se faire à la fatigue; à coucher durement; à porter le même habit en hiver et en été pour s'endurcir contre le froid et le chaud.

A l'âge de sept ans, on les distribuait dans les classes, où ils étaient élevés tous ensemble sous la même discipline. Leur éducation n'était à proprement parler, qu'un apprentissage d'obéissance; le législateur ayant bien compris que le moyen le plus sûr d'avoir des citoyens soumis à la loi et aux magistrats, ce qui fait le bon ordre et la félicité d'un état, était d'apprendre aux enfans, dès l'âge le plus tendre, à être parfaitement soumis aux maîtres.

Pendant qu'on était à table, le maître proposait des questions aux jeunes gens. On leur demandait, par exemple : *Qui est le plus homme de bien de la ville ? Que dites-vous d'une telle action ?* Il fallait que la réponse fût prompte, et accompagnée d'une raison et d'une preuve conçue en peu de mots; car on les accoutumait de bonne heure au style laconique, c'est-à-dire à un style concis et serré. Lycurgue voulait que la monnaie fût fort pesante et de peu de valeur; et au contraire que le discours comprît en peu de paroles beaucoup de sens.

Pour ce qui est des lettres, ils n'en apprenaient que pour le besoin. Toutes les sciences étaient bannies de leur pays. Leur étude ne tendait qu'à savoir obéir, à supporter les travaux, et à vaincre dans les combats. Ils avaient pour surintendant de leur éducation un des plus honnêtes hommes de la ville, et des plus qualifiés, qui établissait sur chaque troupe des maîtres d'une sagesse et d'une probité généralement reconnues.

Un vol d'une certaine espèce seulement, et qui n'en avait que le nom, était permis et même commandé aux jeunes gens. Ils se glissaient le plus finement et le plus subtilement qu'ils pouvaient dans les jardins et dans les salles à manger, pour y dérober des herbes ou de la viande; et s'ils étaient découverts, on les punissait pour avoir manqué d'adresse. On raconte que l'un d'eux, ayant pris un petit renard, le cacha sous sa robe, et souffrit, sans jeter un seul cri, qu'il lui déchirât le ventre avec les ongles et les dents, jusqu'à ce qu'il tombât mort sur la place. J'ai dit que ce vol n'en avait que le nom, étant autorisé par la loi et par le consentement de tous les citoyens. La vue du législateur, en le permettant, avait été d'inspirer aux jeunes Lacédémoniens, destinés tous à la guerre, plus de hardiesse et de finesse, de les accoutumer de bonne heure à la vie de soldat, et de leur apprendre à vivre de peu, et à pourvoir eux-mêmes à leur subsistance. J'ai traité ailleurs cette matière avec quelque étendue.

La patience et la fermeté des jeunes Lacédémoniens éclataient surtout dans une fête qu'on célébrait en l'honneur de Diane, surnommée *Orthia*, où les enfans, sous les yeux de leurs parens, et en présence de toute la ville, se laissaient fouetter jusqu'au sang sur l'autel de cette inhumaine deesse, et quelquefois même expiraient sous les coups sans pousser aucun cri, ni même aucun soupir. Et c'étaient leurs pères mêmes qui, les voyant tout couverts de sang et de blessures, et près d'expirer, les exhortaient à persévérer constamment jusqu'à la fin. Plutarque nous assure qu'il avait vu de ses propres yeux plusieurs enfans perdre la vie à ce cruel jeu. De là vient qu'Horace donne l'épithète de *patiente* à la ville de Lacédémone, *patiens Lacædemon*; et qu'un autre auteur fait dire à un homme qui avait souffert trois coups de bâton sans se plaindre : *Tres plagas spartaná nobilitate concoxi.*

L'occupation la plus ordinaire des Lacédémoniens était la chasse et les différens exercices du corps. Il leur était défendu d'exercer aucun art mécanique. Les Ilotes, qui étaient une espèce d'esclaves, cultivaient leurs terres, et leur en rendaient un certain revenu.

Lycurgue voulait que ses citoyens jouissent d'un grand loisir. Il y avait des salles communes où l'on s'assemblait pour la conversation. Quoiqu'elle roulât assez souvent sur des matières graves et sérieuses, elle était assaisonnée d'un sel et d'un agrément qui instruisait et corrigeait en divertissant. Ils étaient rarement seuls; on les accoutumait à vivre, comme les abeilles, toujours ensemble, toujours autour de leurs chefs. L'amour de la patrie et du bien commun était la passion dominante. Ils ne croyaient point être à eux, mais à leur pays. Pédarète n'ayant pas eu l'honneur d'être choisi pour un des trois cents qui avaient un certain rang distingué dans la ville, s'en retourna chez lui fort content et fort gai, disant qu'*il était ravi que Sparte eût trouvé trois cents hommes plus honnêtes gens que lui.*

Tout inspirait à Sparte l'amour de la vertu et la haine du vice : les actions des citoyens, leurs conversations, et même les inscriptions publiques. Il était difficile que des hommes nourris au milieu de tant de préceptes et d'exemples vivans ne devinssent vertueux, de la manière dont le pouvaient être des païens. Ce fut pour conserver en eux cette heureuse habitude que

Lycurgue ne permit pas à toutes sortes de personnes de voyager, de peur qu'elles ne rapportassent des mœurs étrangères et des coutumes licencieuses, qui leur auraient bientôt inspiré du dégoût pour la vie et pour les maximes de Lacédémone. Il chassa aussi de sa ville tous les étrangers qui n'y venaient pour rien d'utile ni de profitable, et que la curiosité seule y attirait ; craignant que chacun n'y fît entrer avec lui les défauts et les vices de son pays, et persuadé qu'il était plus important et plus nécessaire de fermer les portes des villes aux mœurs corrompues qu'aux malades et aux pestiférés.

A proprement parler, le métier et l'exercice des Lacédémoniens était la guerre. Tout tendait là chez eux ; tout respirait les armes. Leur vie était bien plus douce à l'armée qu'à la ville ; et il n'y avait qu'eux au monde à qui la guerre fût un temps de repos et de rafraîchissement, parce qu'alors les liens de cette discipline dure et austère qui régnait à Sparte étaient un peu relachés, et qu'on leur laissait plus de liberté. Chez eux la première loi de la guerre et la plus inviolable, comme Démarate le déclara à Xerxès, était de ne jamais prendre la fuite, quelque supérieure en nombre que pût être l'armée des ennemis; de ne jamais quitter son poste; de ne point livrer ses armes; en un mot de vaincre ou de mourir. Cette maxime leur paraissait si capitale, que le poète Archiloque étant venu à Sparte, ils l'obligèrent dans le moment même d'en sortir, parce qu'ils apprirent que dans une de ses poésies il avait dit qu'il valait mieux jeter bas ses armes que de s'exposer à mourir.

De là vient qu'une mère recommandait à son fils qui partait pour une campagne de revenir avec son bouclier ou sur son bouclier * ; et qu'une autre, apprenant que son fils était mort dans le combat en défendant sa patrie, répondit froidement : *Je ne l'avais mis au monde que pour cela.* Cette disposition était commune parmi les Lacédémoniens. Après la fameuse bataille de Leuctres, qui leur fut si funeste, les pères et les mères de ceux qui étaient morts en combattant se félicitaient les uns les autres, et allaient dans les temples remer-

* On rapportait quelquefois sur leurs boucliers ceux qui avaient été tués.

cier les dieux de ce que leurs enfans avaient fait leur devoir : au lieu que les parens de ceux qui avaient survécu à cette défaite étaient inconsolables. A Sparte, ceux qui avaient pris la fuite dans un combat étaient diffamés pour toujours. Non-seulement on les excluait de toutes sortes de charges et d'emplois, des assemblées, des spectacles ; mais c'était comme une honte de s'allier avec eux par les mariages et on leur faisait impunément mille outrages en public.

Ils n'allaient au combat qu'après avoir imploré le secours des dieux par des sacrifices et des prières publiques; et pour lors ils marchaient à l'ennemi pleins de confiance, comme étant assurés de la protection divine et, pour me servir de l'expression de Plutarque, comme si Dieu était présent et combattait pour eux.

Quand ils avaient rompu et mis en fuite leurs ennemis, ils ne les poursuivaient qu'autant qu'il le fallait pour s'assurer la victoire: après quoi ils se retiraient, estimant qu'il n'était ni glorieux ni digne de la Grèce, de tailler en pièces des gens qui se retirent. Et cela ne leur était pas moins utile qu'honorable: car leurs ennemis sachant que tout ce qui résistait était passé au fil de l'épée, et qu'ils ne pardonnaient qu'aux fuyards, préféraient ordinairement la fuite à la résistance.

Quand les premiers établissemens de Lycurgue furent reçus et confirmés par l'usage, et que la forme de gouvernement qu'il avait établie parut assez forte et assez vigoureuse pour se maintenir d'elle-même et pour se conserver; comme Platon dit de Dieu, qu'après avoir achevé de créer le monde, il se réjouit lorsqu'il le vit tourner et faire ses premiers mouvemens avec tant de justesse et d'harmonie: ainsi, le législateur de Sparte, charmé de la grandeur et de la beauté de ses lois, sentit un redoublement de plaisir quand il les vit, pour ainsi dire, marcher seules et cheminer si heureusement.

Mais desirant, autant que cela dépendait de la prudence humaine, de les rendre immortelles et immuables, il fit entendre au peuple qu'il lui restait encore un point le plus important et le plus essentiel de tous, sur lequel il voulait consulter l'oracle d'Apollon, et en attendant, il les fit tous jurer que, jusqu'à ce qu'il fût de retour, ils maintiendraient la forme de gouvernement qu'il avait établie. Quand il fut arrivé à Delphes, il consulta le dieu pour savoir si ses lois étaient bonnes et suffisantes pour rendre les Spartiates heureux et vertueux. La prêtresse lui répondit qu'il ne manquait rien à ses lois, et que, tant que Sparte les observerait, elle serait la plus glorieuse ville du monde et jouirait d'une parfaite félicité. Lycurgue envoya cette réponse à Sparte; et croyant son ministère consommé, il mourut vonlontairement à Delphes, en s'abstenant de manger. Il était persuadé que la mort même des grands personnages et des hommes d'état ne doit pas être oisive ni inutile à la république, mais une suite de leur ministère, une de leurs plus importantes actions, et celle qui leur doit faire autant ou plus d'honneur que toutes les autres. Il crut donc qu'en mourant de la sorte il mettrait le sceau et le comble à tous les services qu'il avait rendus pendant sa vie à ses citoyens, puisque sa mort les obligerait à garder toujours ses ordonnances, qu'ils avaient juré d'observer inviolablement jusqu'a son retour.

En exposant les sentimens de Lycurgue sur sa propre mort, tels que Plutarque les a marqués, je suis bien éloigné de les approuver; et j'en dis autant de pareils que je rapporte quelquefois sans y joindre de réflexion, mais sans prétendre y donner d'approbation. Les prétendus sages du paganisme n'avaient, sur l'article dont il s'agit ici, comme sur beaucoup d'autres, que des lumières fort bornées et mêlées d'épaisses ténèbres. Ils établissaient ce principe admirable, qu'on trouve dans plusieurs de leurs écrits : que l'homme, placé dans le monde comme dans un poste par son général, ne peut le quitter que par le commandement exprès de celui de qui il dépend, c'est-à-dire de Dieu même. Ils le regardaient aussi quelquefois comme un coupable condamné à une triste prison d'où il pouvait desirer de sortir, mais d'où il ne lui était pas permis de sortir en effet que par l'ordre du magistrat et de la justice, et non en brisant ses chaînes, ni en forçant les portes du cachot. Ces idées sont belles, parce qu'elles sont vraies : mais l'application qu'ils en faisaient était fausse, en prenant pour un ordre exprès de la Divi-

nité ce qui n'était qu'un effet de leur faiblesse ou de leur orgueil, qui les portaient
à se donner la mort eux-mêmes, soit pour
se délivrer des peines de cette vie, soit
pour immortaliser leur nom dans la postérité, comme cela arriva à Lycurgue, à
Caton et à tant d'autres.

Réflexions sur le gouvernement de Sparte et sur les lois de Lycurgue.

Il faut bien, à n'en juger même que par
l'évènement, qu'il y eût dans les lois de
Lycurgue un grand fonds de sagesse et de
prudence, puisque tant qu'elles furent ob-
servées exactement à Sparte, et elles le
furent pendant plus de cinq cents ans,
cette ville fut si puissante et si florissante.
C'était moins, dit Plutarque en parlant
des lois de Sparte, le gouvernement et la
police d'une ville ordinaire, que la conduite et le règlement d'un homme sage qui
passe sa vie dans les exercices de la vertu.
Ou plutôt, continue ce même auteur,
comme les poètes feignent qu'Hercule avec
sa peau de lion et sa massue seulement par-
courait le monde et le purgeait de voleurs
et de tyrans; Sparte de même, avec une

simple bande * de parchemin et une méchante cape, donnait la loi à toute la Grèce, volontairement soumise à son empire, étouffait les tyrannies et les injustes dominations dans les cités, terminait à son gré les guerres et calmait les séditions, le plus souvent sans remuer un seul bouclier, et en envoyant un seul ambassadeur qui ne paraissait pas plus tôt que tousles peuples soumis se rangeaient autour de lui, comme les abeilles autour de leur roi, tant la justice de cette ville et son bon gouvernement imprimaient de respect à tous les hommes.

On trouve à la fin de la vie de Lycurgue une réflexion de Plutarque qui seule serait un grand éloge de ce législateur. Il dit que Platon, Diogène, Zénon et tous ceux qui

* C'était ce que les Lacédémoniens appelaient *scytale*, une bande de cuir ou de parchemin qu'ils entortillaient autour d'un bâton, de manière qu'il n'y avait aucun vide. Ils écrivaient sur cette bande, et, après avoir écrit, ils la déroulaient, et l'envoyaient au général à qui elle était adressée. Ce général, qui avait un autre bâton tout semblable à celui sur lequel cette bande avait été roulée et écrite, l'appliquait sur ce bâton, et par ce moyen il trouvait la suite et la liaison des caractères, qui, sans cela, étaient si dérangés, qu'ils ne pouvaient être lus (Plut. *in vit. Lys*, p. 444.)

ont entrepris de parler de l'établissement d'un état politique, ont pris pour modèle la république de Lycurgue; avec cette différence, qu'ils se sont bornés à des paroles et à des discours, mais que Lycurgue, sans s'arrêter à des idées et à des projets, a mis en œuvre et produit au grand jour une police inimitable, et a formé une ville entière de philosophes.

Pour y réussir, et pour établir une forme de république la plus parfaite qu'il fût possible, il avait comme fondu et mêlé ensemble ce que chaque espèce de gouvernement paraissait avoir de plus utile pour le bien public, en tempérant l'une par l'autre, et balançant les inconvéniens de chacune en particulier, par les avantages que procurait la réunion de toutes ensemble. Sparte tenait quelque chose de l'état monarchique par l'autorité de ses rois; le conseil des trente, autrement dit le sénat, était une véritable aristocratie; et le pouvoir qu'avait le peuple de nommer les sénateurs, et de donner force aux lois, ressemblait au gouvernement démocratique. L'établissement des éphores corrigea dans la suite ce qu'il pouvait y

avoir de défectueux dans ses premiers règlemens, et suppléa ce qui pouvait y manquer. Platon, en plus d'un endroit, admire
la sagesse de Lycurgue dans l'établissement
du sénat, qui fut également salutaire aux
rois et aux peuples, parce que par ce
moyen la loi devint l'unique maîtresse des
rois, et que les rois ne devinrent pas les
tyrans de la loi.

Le dessein que forma Lycurgue de faire
un partage égal des terres parmi les citoyens, et de bannir de Sparte le luxe, l'avarice, les procès, les dissensions, en même
temps qu'il en bannirait l'usage de l'or et
de l'argent, nous paraîtrait un plan de
république sagement imaginé, mais impra-
ticable dans l'exécution, si l'histoire ne
nous apprenait que Sparte a subsisté dans
cet état pendant plusieurs siècles.

En mettant au rang des choses louables
dans les lois de Lycurgue l'établissement
dont je parle ici, je ne prétends pas le donner comme absolument irrépréhensible.
Car j'ai peine à le concilier avec cette loi
naturelle qui défend d'ôter à l'un ce qui lui
appartient pour le donner à un autre, et
c'est pourtant ce qui arriva pour lors. Je

ne considère donc dans ce partage des terres que ce qu'il a de beau en lui-même, et de digne d'admiration.

Concevons-nous en effet qu'on ait pu persuader à des citoyens qui étaient les plus riches et les plus opulens de leur ville de renoncer à tous leurs biens et à tous leurs revenus, de se confondre en tout avec les plus pauvres, et de s'assujettir à un régime de vie très dur et très gênant, de s'interdire en un mot l'usage de tout ce qui est regardé ailleurs comme faisant la douceur et la félicité de la vie? Voilà pourtant de quoi Lycurgue est venu à bout.

Un tel établissement serait moins merveilleux s'il n'avait subsisté que pendant la vie du législateur; mais on sait qu'il lui survécut de plusieurs siècles. Xénophon, dans l'éloge qu'il nous a laissé d'Agésilas, et Cicéron, dans une de ses harangues, remarquent que Lacédémone était la seule ville du monde qui eût conservé immuablement sa discipline et ses lois pendant un si grand nombre d'années. *Soli*, dit le dernier en parlant des Lacédémoniens, *toto orbe terrarum septingentos jam annos amplius unis moribus et nun-*

quam mutatis legibus vivunt. Je crois bien que du temps de Cicéron la discipline de Sparte, aussi bien que sa puissance, était fort affaiblie et diminuée; mais tous les historiens conviennent qu'elle se maintint dans toute sa vigueur jusqu'au règne d'A- gis, sous lequel Lysandre, incapable lui- même de se laisser éblouir et corrompre par l'or, remplit sa patrie de luxe et d'a- mour pour les richesses, en y apportant des sommes immenses d'or et d'argent, qui étaient le fruit de ses victoires, et en ren- versant par là les lois de Lycurgue.

Mais l'introduction de la monnaie d'or et d'argent ne fut pas la première plaie que les Lacédémoniens firent aux lois de leur législateur. Elle fut la suite du viole- ment d'une autre loi encore plus fonda- mentale. L'ambition fraya le chemin à l'avarice. Le desir des conquêtes entraîna celui des richesses, sans lesquelles on ne pouvait pas songer à étendre sa domina- tion. Le principal but de Lycurgue dans l'établissement de ses lois, et surtout de celle qui interdisait l'usage de l'or et de l'argent, était, comme l'ont judicieusement observé Polybe et Plutarque, de réprimer et de refréner l'ambition de ses citoyens, de les mettre hors d'état de faire des conquêtes, de les forcer en quelque sorte de se renfermer dans l'enceinte étroite de leur pays, sans porter plus loin leurs vues ni leurs prétentions. En effet, le gouvernement qu'il avait établi suffisait pour défendre les frontières de Sparte ; mais il ne suffisait pas pour la rendre maîtresse des autres villes.

Le dessein de Lycurgue n'avait donc pas été de former des conquérans. Pour en ôter jusqu'à la pensée à ses citoyens, il leur défendit expressément, quoiqu'ils habitassent un pays environné de la mer, de s'exercer à la marine, d'avoir des flottes, et de combattre sur mer. Ils furent religieux observateurs de cette défense pendant plusieurs siècles, et jusqu'à la défaite de Xerxès. A cette occasion, ils songèrent à s'emparer de l'empire de la mer, pour éloigner un ennemi si redoutable. Mais s'étant bientôt aperçus que ces commandemens éloignés et maritimes corrompaient les mœurs de leurs généraux, ils y renoncèrent sans peine, comme nous le remarquerons à l'occasion du roi Pausanias.

Quand Lycurgue avait armé ses citoyens de boucliers et de lances, ce n'avait point été pour les mettre en état de commettre plus impunément des injustices, mais pour s'en défendre. Il en avait fait un peuple de soldats et de guerriers, afin qu'à l'ombre des armes ils vécussent dans la liberté, dans la modération, dans la justice, dans l'union, dans la paix, en se contentant de leur terrain sans usurper celui des autres, et en se persuadant qu'une ville, non plus qu'un particulier, ne peut espérer un bonheur solide et durable que par la vertu. Des hommes corrompus, dit encore Plutarque, qui ne voit rien de plus beau que les richesses, et qu'une domination puissante et étendue, peuvent donner la préférence à ces vastes empires qui ont assujéti l'univers par la violence; mais Lycurgue était convaincu qu'une ville n'avait besoin de rien de tout cela pour être heureuse. Sa politique, qui a fait avec justice l'admiration de tous les siècles, avait pour principal but l'équité, la modération, la liberté, la paix; et elle était ennemie de l'injustice, de la violence, de l'ambition, de la passion de dominer et d'étendre les bornes de la république de Sparte.

Ces sortes de réflexions, que Plutarque sème de temps en temps dans les Vies, et qui en font la plus grande et la plus solide beauté, peuvent contribuer infiniment à donner une véritable notion de ce qui fait la solide gloire d'un état réellement heureux, et à détromper de bonne heure de l'idée qu'on se forme de la vaine grandeur de ces empires qui ont englouti les royaumes, et de ces fameux conquérans qui ne doivent ce qu'ils sont qu'à la violence et à l'usurpation.

La longue durée des lois établies par Lycurgue est certainement une chose bien merveilleuse ; mais le moyen qu'il employa pour y réussir n'est pas moins digne d'admiration. Ce moyen fut le soin extraordinaire qu'il prit de faire élever les enfans des Lacédémoniens dans une exacte et sévère discipline ; car, comme le fait remarquer Plutarque, la religion du serment aurait été un faible lien, si, par l'éducation et la nourriture, il n'eût imprimé les lois dans leurs mœurs, et ne leur eût fait sucer presque avec le lait l'amour de sa police. Aussi vit-on que ces principales ordonnances se conservèrent plus de cinq cents ans, comme une bonne et forte teinture qui a pénétré jusqu'au fond ; et Cicéron fait la même remarque, en attribuant le courage et la vertu des Spartiates, non pas tant à leur bon naturel qu'à l'excellente éducation qu'on recevait à Sparte. Ce qui fait voir de quelle importance il est pour un état de veiller à ce que les jeunes gens soient élevés d'une manière propre à leur inspirer l'amour des lois de la patrie.

Le grand principe de Lycurgue, et Aristote le répète, en termes formels, était que, comme les enfans sont à l'état, il faut qu'ils soient élevés par l'état et selon les vues de l'état. C'est pour cela qu'il voulait qu'ils fussent élevés en public et en commun, et non abandonnés au caprice des parens qui, pour l'ordinaire, par une indulgence molle et aveugle, et par une tendresse mal entendue, énervent en même temps et le corps et l'esprit de leurs enfans. A Sparte, dès l'âge le plus tendre, on les endurcissait au travail et à la fatigue par les exercices de la chasse et de la course; on les accoutumait à supporter la faim et la soif, le chaud et le froid; et ce que les mères auront bien de la peine à se persuader, c'est que tous ces exercices durs et pénibles tendaient à leur procurer une forte et robuste santé, capable de soutenir les fatigues de la guerre, à laquelle ils étaient tous destinés, et la leur procurait en effet.

Mais ce qu'il y avait de plus excellent dans l'éducation de Sparte, c'est qu'elle enseignait parfaitement aux jeunes gens à obéir. De là vient que le poète Simonide donne à cette ville une épithète bien magnifique, qui marque qu'elle seule savait dompter les esprits, et rendre les hommes souples et soumis aux lois, comme les chevaux que l'on forme et que l'on dresse dès leurs plus tendres années. C'est pour cela qu'Agésilas conseilla à Xénophon de faire venir ses enfans à Sparte, afin qu'ils y apprissent la plus belle et la plus grande de toutes les sciences, qui est celle d'obéir et de commander.

Une des leçons qu'on inculquait le plus souvent et le plus fortement aux jeunes Lacédémoniens, était d'avoir un grand respect pour les vieillards, et de leur en donner des marques en toute occasion, en les saluant, en leur cédant le pas dans les rues, en se levant par honneur devant

eux dans les compagnies et dans les assemblées publiques, mais surtout en recevant
avec docilité et soumission leurs avis et
même leurs réprimandes. On reconnaissait
à ce caractère un Lacédémonien. En
user autrement, c'eût été se dégrader soi-
même et faire injure à sa patrie. Un vieillard d'Athènes entrant dans le théâtre
pour assister aux spectacles, aucun de ses
compatriotes ne lui offrit de place. Dès
qu'il approcha de l'endroit où étaient assis
les ambassadeurs de Lacédémone avec
leur suite, tous se levèrent devant le vieillard et le placèrent au milieu d'eux. Lysandre avait donc raison de dire que la
vieillesse n'avait nulle part de domicile si
honorable que dans la ville de Sparte, et
qu'il était beau d'y vieillir.

Pour mieux faire sentir le faible des
lois de Lycurgue, je n'aurai qu'à les
comparer à celles de Moïse, qu'on reconnaît bien avoir été dictées par une sagesse
plus qu'humaine. Mais mon dessein n'est
pas d'entrer ici dans un détail exact de
tout ce qui pourrait être blâmé dans les
ordonnances de Lycurgue : je me conten-
terai de quelques légères réflexions que

le lecteur, sans doute , justement blessé et
et révolté par le simple récit de quelques-
unes de ces ordonnances, aura déja faites
avant moi.

En effet, pour commencer par le choix
des enfans qui devaient être élevés ou
exposés, qui ne serait choqué de l'injuste
et barbare coutume de prononcer un arrêt
de mort contre ceux des enfans qui avaient
le malheur de naître avec une complexion
trop faible et trop délicate pour pouvoir
soutenir les fatigues et les exercices auxquels la république destinait tous ses
sujets ?

Est-il donc impossible, et cela est-il sans
exemple, que des enfans, faibles d'abord et
délicats, se fortifient dans la suite de l'âge
et deviennent même très robustes? Quand
cela serait, n'est-on en état de servir sa
patrie que par les forces du corps? et
compte-t-on pour rien la sagesse, la prudence, le conseil, la générosité, le courage,
la grandeur d'ame, en un mot, toutes les
qualités qui dépendent de l'esprit? Lycurgue lui-même a-t-il rendu moins de services et fait moins d'honneur à Sparte, par
l'établissement de ces lois que les plus

grands capitaines par leurs victoires?
Agésilas était d'une taille si petite et d'une mine si peu avantageuse, qu'à sa première vue les Egyptiens ne purent s'empêcher de rire : et cependant il avait fait trembler le grand roi de Perse jusque dans le fond de son palais.

Mais ce qui est bien plus fort que tout ce que je viens de rapporter , un autre a-t-il quelque droit sur la vie des hommes, que celui de qui ils l'ont reçue, c'est-à-dire que Dieu même? et un législateur n'usurpe-t-il pas visiblement son autorité, quand, indépendamment de lui, il s'arroge un tel pouvoir? Cette ordonnance du Décalogue, qui n'était autre chose que le renouvellement de la loi naturelle, *tu ne tueras point*, condamne généralement tous ceux des anciens qui croyaient avoir droit de vie et de mort sur leurs esclaves et même sur leurs enfans.

Le grand défaut des lois de Lycurgue , comme Platon et Aristote l'ont remarqué, c'est qu'elles ne tendaient qu'à former un peuple de soldats. Ce législateur paraît en tout occupé du soin de fortifier les corps, nullement de celui de cultiver les esprits.

Pourquoir bannir de sa république tous
les arts et toutes les sciences, dont un des
fruits le plus avantageux est d'adoucir les
mœurs, de polir l'esprit, de perfectionner
le cœur, et d'inspirer des manières douces,
civiles, honnétes, propres, en un mot, à
entretenir la société et à rendre le commerce de la vie agréable ? De là vient
que le caractère des Lacédémoniens avait
quelque chose de dur, d'austère et souvent même de féroce : défaut qui venait en
partie de leur éducation, et qui aliéna
d'eux l'esprit de tous les alliés.

C'était une excellente pratique à Sparte
d'accoutumer de bonne heure les jeunes
gens à souffrir le chaud, le froid, la faim,
la soif, et d'assujétir par différens exercices durs et pénibles le corps à la raison,
à laquelle il doit servir de ministre pour
exécuter ses ordres ; ce qu'il ne peut faire,
s'il n'est en état de supporter toutes sortes de fatigues. Mais fallait-il porter cette
épreuve jusqu'au traitement inhumain dont
nous avons parlé ? et n'était-ce pas une
brutalité et une barbarie dans des pères et
des mères, de voir de sang-froid couler le
sang des plaies de leurs enfans et de les voir

même souvent expirer sous les coups de verges?

On admire le courage des mères spartaines, à qui la nouvelle de la mort de leurs enfans tués dans un combat non-seulement n'arrachait aucune larme, mais causait une sorte de joie. J'aimerais mieux que dans une telle occasion la nature se fît entrevoir davantage et que l'amour de la patrie n'étouffât pas tout-à-fait les sentimens de la tendresse maternelle. Un de nos généraux, à qui, dans l'ardeur d'un combat, on apprit que son fils venait d'être tué, parla bien plus sagement. « Songeons, « dit-il, maintenant à vaincre l'ennemi; « demain je pleurerai mon fils. »

Je ne vois pas comment on peut excuser la loi qu'imposa Lycurgue aux Lacédémoniens de passer dans l'oisiveté tout le temps de leur vie, excepté celui où ils faisaient la guerre. Il laissa tous les arts et tous les métiers aux esclaves et aux étrangers qui habitaient parmi eux, et ne mit entre les mains de ses citoyens que le bouclier et la lance. Sans parler du danger qu'il y avait de souffrir que le nombre des esclaves nécessaires pour cultiver les terres s'accrût à un tel point qu'il passât de beaucoup celui des maîtres, ce qui fut souvent parmi eux une source de séditions, dans combien de désordres un tel loisir devait-il plonger des hommes toujours désœuvrés, sans occupations journalières et sans travail réglé ! C'est un inconvénient qui n'est encore aujourd'hui que trop ordinaire parmi la noblesse, et qui est une suite naturelle de la mauvaise éducation qu'on lui donne. Excepté le temps de la guerre, la plupart de nos gentilshommes passent leur vie dans une entière inutilité. Ils regardent également l'agriculture, les arts, le commerce au-dessous d'eux, et ils s'en croiraient déshonorés. Ils ne savent souvent manier que les armes. Ils ne prennent des sciences qu'une légère teinture, et seulement pour le besoin : encore plusieurs d'entre eux n'en ont aucune connaissance, et se trouvent sans aucun goût pour la lecture. Ainsi il n'est pas étonnant que la table, le jeu, les parties de chasse, les visites réciproques, des conversations pour l'ordinaire assez frivoles, fassent toute leur occupation. Quelle vie pour des hommes qui ont quelque esprit !

Lycurgue serait absolument inexcusable s'il avait donné lieu, comme on l'en accuse, à la dureté et à la cruauté qu'on exerçait dans sa république contre les Ilotes. C'étaient des esclaves dont les Lacedémoniens se servaient pour labourer leurs terres. Non - seulement ils les enivraient pour les faire paraître en cet état devant leurs enfans, et pour inspirer à ceux-ci une grande horreur d'un vice si bas et si honteux; mais ils les traitaient avec la derrière barbarie, et se croyaient permis de s'en défaire par les voies les plus violentes, sous prétexte qu'ils étaient toujours prêts à se révolter *. Dans une occasion que Thucydide rapporte, deux mille de ces Ilotes disparurent tout d'un coup sans qu'on sût ce qu'ils étaient devenus. Plutarque prétend que cette coutume barbare ne fut mise en usage que depuis Lycurgue, et qu'il n'y eut aucune part.

Mais ce qui rend Lycurgue plus condam-

* Des jeunes gens armés de poignards se répandirent dans la campagne, et tuaient tous les Ilotes qu'ils rencontraient. C'est cette infâme chasse aux hommes qu'on appelait *Cryptia*. PLUT. *in Lyc.*, § 28.) (M. Letronne.)

nable, et ce qui fait mieux connaître dans quelles ténèbres et dans quels désordres le paganisme était plongé, c'est de voir le peu d'égard qu'il a eu à la pudeur et à la modestie dans ce qui regarde l'éducation des filles et les mariages; ce qui fut sans doute la source des désordres qui régnaient à Sparte, comme Aristote l'a sagement observé. Quand on compare à cette licence effrénée des règlemens du plus sage législateur qu'ait eu l'antiquité profane la sainteté et la pureté des lois de l'Evangile, on comprend quelle est la dignité et l'excellence du christianisme.

On le comprend encore d'une manière qui n'est pas moins avantageuse, par la comparaison même de ce que les lois de Lycurgue semblent avoir de plus louable avec celles de l'Evangile. C'est une chose bien admirable, il faut l'avouer, qu'un peuple entier ait consenti à un partage de terres qui égalait les pauvres aux riches, et que par le changement de monnaie il se soit réduit à une espèce de pauvreté. Mais le législateur de Sparte, en établissant ces lois, avait les armes à la main. Celui des chrétiens ne dit qu'un mot : *bienheureux les pauvres d'esprits !* et des milliers de fidèles, dans la suite de tous les siècles renoncent à leurs biens, vendent leurs terres, quittent tout pour suivre Jésus-Christ pauvre.

ARTICLE VIII.

Gouvernement d'Athènes. Lois de Solon. Histoire de cette république, depuis Solon jusqu'au règne de Darius I.

J'ai déja remarqué qu'Athènes, dans sa naissance, eut des rois. Mais ils n'en avaient que le nom : toute leur puissance, presque restreinte au commandement des armées, s'évanouissait dans la paix. Chacun vivait maître chez soi, et dans une entière indépendance. Codrus, le dernier roi d'Athènes, s'étant dévoué pour le bien public, ses enfans, Médon et Nilée, disputèrent le royaume entre eux. Les Athéniens en prirent occasion d'abolir la royauté, quoiqu'elle ne les incommodât guère, et déclarèrent Jupiter seul roi d'Athènes, en même temps que les Juifs *, ennuyés de la théocratie, c'est-à-dire d'avoir le vrai Dieu pour roi, voulurent absolument obéir à un homme.

* Codrus était contemporain de Saül.

Plutarque observe qu'Homère, dans le dénombrement des vaisseaux, ne donne le nom de peuple qu'aux seuls Athéniens : ce qui peut montrer que les Athéniens avaient dès lors beaucoup de penchant pour la démocratie, et que la principale autorité résidait déja dans le peuple.

A la place des rois ils avaient créé des gouverneurs perpétuels sous le nom d'archontes. La magistrature perpétuelle parut encore à ce peuple libre une image trop vive de la royauté, dont il voulait anéantir jusqu'à l'ombre même. (Av. J. - C. 753 et 624.) Ainsi il réduisit cette charge à dix ans, et puis à un, dans la vue de ressaisir plus souvent l'autorité qu'il ne transférait qu'à regret à ses magistrats.

Une puissance aussi limitée que celle-là contenait mal les esprits remuans, qui étaient devenus jaloux à l'excès de la liberté et de l'indépendance, très délicats à se blesser de tout ce qui sortait de l'égalité, très faciles à prendre ombrage de ce qui avait quelque air de supériorité et de domination. Les factions et les querelles renaissaient chaque jour. On ne s'accordait ni sur la religion ni sur le gouvernement.

Athènes demeura ainsi long-temps hors d'état de s'accroître, trop heureuse de se conserver au milieu des longues et fréquentes dissensions qui la déchiraient.

Les malheurs instruisent. Elle apprit enfin que la véritable liberté consiste à dépendre de la justice et de la raison. Cet heureux assujétissement ne pouvait s'établir que par un législateur. (Av. J.-C. 624.) Elle choisit Dracon, personnage d'une sagesse et d'une probité reconnues.

On ne voit point qu'avant lui la Grèce ait eu des lois écrites. Il en publia dont l'extrême rigueur, favorable par avance à la doctrine des stoïciens, punissait de mort la plus légère faute comme le plus énorme forfait. Les lois de Dracon, écrites, selon Démade, non avec de l'encre, mais avec du sang, eurent le sort des choses violentes. Les sentimens d'humanité dans les juges, la compassion pour les accusés, qu'on s'accoutuma à regarder comme plus malheureux que punissables, la crainte qu'eurent les accusateurs et les témoins de faire un personnage trop odieux : tous ces motifs concoururent à ralentir l'exécution de ces lois, et à les abroger peu à peu par

le non usage; et l'excessive rigueur conduisit à l'impunité.

Le péril de retomber dans les premiers
désordres fit recourir à de nouvelles pré-
cautions. On voulait lâcher le frein de la
crainte, non pas le rompre. Et pour trouver les adoucissemens qui revalent bien à
la loi ce qu'ils lui coûtent, on jeta les yeux
sur un des plus sages et des plus vertueux
personnages de son siècle; je veux dire
Solon, à qui ses rares qualités, et particulièrement sa grande douceur, avait acquis
l'affection et la vénération de toute la ville.
(Av. J. C. 604.)

Il avait donné sa principale application
à l'étude de la philosophie, et surtout à
la partie de cette science qu'on appelle
politique, et qui regarde l'art de gouverner.
Son mérite extraordinaire lui donna un
des premiers rangs parmi les sept sages de
la Grèce qui illustrèrent si fort ce siècle.

Ces sages se rendaient assez souvent
visite l'un à l'autre. Un jour que Solon alla
à Milet pour voir Thalès, la première
chose qu'il lui dit, ce fut qu'il s'étonnait
comment il n'avait jamais voulu avoir ni
femme ni enfans. Thalès ne lui répondit

rien sur l'heure; mais quelques jours après il aposta un étranger, qui se disait arriver tout récemment d'Athènes, d'où il était parti depuis dix jours. Solon lui demanda d'abord s'il n'y avait rien de nouveau lorsqu'il en étati parti. L'étranger, à qui l'on avait fait sa leçon, repartit qu'il n'y avait autre chose que la mort d'un jeune homme dont toute la ville accompagnait le convoi, parce que c'était, disait-on, le fils du plus honnête homme de la ville, et qui se trouvait pour lors absent. «Ah! interrompit Solon, que ce pauvre père est à plaindre! Mais comment l'appelait-on? Je l'ai ouï nommer, répliqua l'étranger, mais son nom m'est échappé. Je me souviens seulement qu'on ne parlait que de sa sagesse et de sa justice. » Chaque reponse était un nouveau sujet de trouble et de frayeur pour ce père si justement alarmé. « Ne serait-ce point, dit-il, le fils de Solon? C'est cela même, » reprit l'autre. Solon, à ce mot, déchirant ses habits, frappant sa poitrine, et ne s'expliquant que par des larmes et des sanglots, s'abandonna à la plus vive douleur. Alors Thalès, le prenant par la main, lui dit ne souriant : « Rassurez-vous; tout ceci n'est qu'une fiction. Voilà pourqu'oi je n'ai point voulu me marier : c'est pour m'épargner de pareils chagrins. »

Plutarque réfute fort au long ce raisonnement de Thalès, qui irait à priver l'homme des attachemens les plus naturels et les plus raisonnables, auxquels son cœur ne manquerait pas d'en substituer d'injustes et d'illégitimes, qui l'exposeraient aux mêmes peines. Le remède, dit-il, contre la douleur que peut causer la perte des biens, des amis, des enfans, n'est pas de se rendre pauvre, de renoncer absolument à l'amitié, ou d'embrasser le célibat, mais de faire dans tous ces cas l'usage que l'on doit de sa raison.

Athènes, après quelques temps de tranquillité et de paix que lui avaient procuré la prudence et le courage de Solon, car il était aussi brave guerrier que bon politique, était retombée dans ses premières dissensions pour le gouvernement de la république, et s'était divisée en autant de partis qu'il y avait de différentes sortes d'habitans dans l'Attique : car les montagnards tenaient pour le gouvernement populaire ; ceux de la plaine voulaient un état oligarchique ; et ceux de la côte maritime, demandant un gouvernement mêlé des deux premiers, empêchaient l'un et l'autre des deux partis opposés d'avoir l'avantage. D'ailleurs les pauvres, qui essuyaient les plus cruelles vexations de la part des riches à cause des dettes qu'ils étaient hors d'état d'acquitter, songeaient à se choisir un chef qui les délivrât de l'inhumaine dureté de leurs créanciers, et qui changeât entièrement la forme du gouvernement en faisant un nouveau partage des terres.

Dans cet extrême danger, les plus sages d'Athènes jetèrent les yeux sur Solon, qui n'était suspect à aucun des deux partis, parce qu'il n'avait pris part ni à l'injustice des richesses, ni à la révolte des pauvres ; et ils le pressèrent d'entrer dans les affaires, et de travailler à faire cesser tous ces différends. Il eut beaucoup de peine à se charger d'une commission si hasardeuse. Enfin il fut élu archonte, et nommé arbitre souverain et législateur, du consentement de tout le monde, les riches l'agréant volontiers comme riche, et les pauvres comme homme de bien.

Il ne tenait qu'à lui de se faire roi : plusieurs citoyenns l'y exhortaient; et les plus sages mêmes n'osant attendre de la raison humaine ni des lois un changement favorable, n'étaient pas éloignés de communiquer le pouvoir suprême à un seul, qui se distinguât par sa prudence et sa justice. Mais quelque remontrance qu'on pût lui faire, et quoique ses amis traitassént de bassesse d'ame et de lâcheté le refus qu'il faisait d'accepter la royauté, il ne se laissa point ébranler, et ne songea qu'à établir dans sa patrie un gouvernement qui fût la source d'une sage et raisonnable liberté.

N'osant pas toucher à de certains désordres et à de certains maux qui lui paraissaient plus forts que les remèdes, il n'entreprit de changemens que ceux qu'il crut pouvoir persuader à ses citoyens par la raison, ou par le poids de l'autorité, en mêlant sagement, comme il le disait lui-même, la force avec la justice. C'est pourquoi, quelqu'un lui ayant demandé depuis si les lois qu'il avait données aux Athéniens étaient les meilleures : oui, dit-il, les meilleures qu'ils étaient capables de recevoir.

L'ame des états populaires, c'est l'égalité. Il n'osa, de peur de révolter les riches, proposer celle des biens, par où l'Attique, ainsi que la Laconie, eût ressemblé à un héritage partagé entre plusieurs frères. Mais il tira de l'esclavage presque tous les citoyens, que leurs dettes excessives et des arrérages accumulés avaient forcés à se vendre eux-mêmes et à se réduire en servitude. Une loi expresse déclara quittes tous les débiteurs.

Cette affaire attira à Solon une aventure fâcheuse qui lui causa un véritable déplaisir. Déterminé à abolir absolument les dettes, il sentait bien que cet édit, qui avait quelque chose de contraire à la justice, révolterait extrêmement les esprits. Il cherchait donc à en rectifier en quelque sorte la teneur par un préambule spécieux, qui montrât des préceptes plausibles et prêtât à la loi des motifs d'équité et de raison qu'elle n'avait point dans le fond. Pour cela il s'ouvrit de son dessein à quelques personnes qu'il avait coutume de consulter dans toutes ses affaires, et concerta avec elles la manière dont cet édit devait être énoncé. Avant qu'il fût publié, ses amis, plus intéressés que fidèles, empruntèrent secrètement des meilleures bourses de fort grosses sommes, dont ils achetèrent des fonds de terres, auxquelles ils savaient bien qu'on ne devait point toucher. Quand l'édit parut, l'indignation qu'excita généralement une si lâche et si criante fourberie retomba sur Solon, quoiqu'en effet il n'y eût eu aucune part. Mais il ne suffit pas qu'un homme en place soit intègre lui-même et désintéressé; tout ce qui l'environne et l'approche doit l'être : femme, parens, amis, commis, domestiques. C'est sur son compte que les autres font des fautes, et toutes les injustices, toutes les rapines qui se commettent par sa négligence, ou par sa connivence, lui sont justement imputées, parce qu'il n'est en place que pour les empêcher.

Cette ordonnance d'abord ne plut ni à l'un ni à l'autre des deux partis. Elle choqua les riches, parce qu'elle abolissait les dettes; et elle fâcha encore plus les pauvres, parce qu'elle n'établissait pas un nouveau partage des terres comme ils l'avaient espéré, et comme Lycurgue l'avait fait à Lacédémone. Mais il était bien éloigné du crédit que ce dernier s'était acquis n'ayant d'autorité à Athènes que celle que lui donnaient la réputation de sa sagesse et la confiance des citoyens. Cependant, bientôt après, cette ordonnance fut généralement agréée, et les pouvoirs continués à Solon.

Il cassa toutes les lois de Dracon, excepté celles qui étaient contre les meurtriers. La raison qu'il eut d'en user ainsi fut l'excessive rigueur de ces lois, qui ordonnaient peine de mort également pour toutes les fautes; en sorte que ceux qui étaient convaincus de paresse et d'oisiveté, ceux qui n'avaient volé que des herbes et des fruits dans un jardin, étaient punis aussi sévèrement que les assassins et les sacriléges.

Il procéda ensuite à ce qui regarde les charges, les dignités, les magistratures, qu'il laissa toutes entre les mains des riches. Il les distribua pour cela en trois classes, et selon la différence de leurs revenus et l'estimation des biens de chaque particulier. Ceux qui se trouvèrent avoir de revenu annuel cinq cents mesures tant en grains qu'en choses liquides, furent mis au premier rang. On plaça dans le second les citoyens qui en avaient trois cents, et dans le troisième ceux qui n'en avaient que deux cents.

Tous les autres citoyens qui étaient au-dessous de ce revenu furent compris dans une quatrième et dernière classe, et ils n'étaient jamais admis aux charges. Pour les consoler en quelque sorte et pour les dédommager de cette exclusion, il leur laissa le droit d'opiner dans les assemblées et dans les jugemens du peuple : ce qui, au commencement, ne parut rien, mais devint dans la suite un très grand avantage, et les rendit maîtres de toutes les affaires, parce que la plupart des procès et des différends retournaient toujours au peuple, devant lequel on pouvait appeler de tous les jugemens des magistrats ; et c'était dans dans les assemblées du peuple que se décidaient les plus grandes affaires de l'état, qui regardaient ou la paix ou la guerre.

L'Aréopage, appelé ainsi du lieu * où il tenait ses assemblées, subsistait depuis long-temps : Solon en rétablit et en aug-

---

* C'était une colline près de la citadelle d'Athènes, appelée *Aréopage*, c'est-à-dire *colline de Mars*, depuis que Mars y eut été jugé pour le meurtre d'Halirothius, fis de Neptune.

menta l'autorité, et lui laissa, comme à la cour souveraine, l'intendance générale de toutes choses, et le soin de faire observer les lois, dont il le fit le dépositaire. Avant lui, les plus gens de bien étaient juges dans l'Aréopage. Solon fut le premier qui trouva à propos qu'il n'y eût que les archontes sortis de charge qui fussent honorés de cette dignité. Il n'y avait rien de si auguste que ce sénat, et la réputation de ses lumières et de son intégrité devint si grande, que quelquefois les Romains y renvoyèrent la décision de causes qui leur paraissaient trop embarrassées pour les pouvoir juger eux-mêmes. La vérité seule y était écoutée; et afin que nul objet extérieur n'en détournât l'attention des juges, ils tenaient leur tribunal de nuit ou dans les ténèbres, et il était défendu aux orateurs d'employer ni exorde, ni péroraison, ni digression.

Solon, pour prévenir, autant qu'il serait possible, l'abus que le peuple pourrait faire de l'autorité trop grande qu'il lui laissait, créa un second conseil de quatre cents hommes, cent de chaque tribu, devant lesquels on rapportait toutes les affaires, et où on les examinait mûrement avant que de les proposer dans l'assemblée du peuple, au jugement duquel leurs avis étaient soumis, et auquel seul appartenait le droit de décider. C'est à ce sujet qu'Anacharsis, attiré du fond de la Scythie par la réputation des sages de la Grèce, disait un jour à Solon : « J'admire qu'on ne laisse en par« tage aux sages que la délibération, et « qu'on réserve la décision aux fous. » Dans une autre occasion, où Solon s'entretenait avec lui des règlemens qu'il méditait, Anacharsis, étonné qu'il espérât venir à bout de refréner par des lois écrites l'avarice et l'injustice de ses citoyens : « Sa« chez, lui dit-il, que ces écritures ressem« blent proprement à des toiles d'araignées. « Les faibles et les petits s'y prendront et « s'y arrêteront; mais les puissans et les « riches les rompront sans peine, et s'en « débarrasseront. »

Solon, habile et prudent comme il l'était, sentait bien les inconvéniens de la démocratie, c'est-à-dire de la puissance populaire. Mais, ayant étudié à fond et connu parfaitement le caractère et le naturel des Athéniens, il comprit qu'inutilement on ôterait le pouvoir souverain à la multitude, et que, si elle s'en laissait dépouiller dans un temps, elle le reprendrait bientôt à main armée. Il se contenta donc de lui donner un frein par l'autorité de l'Aréopage et du sénat des Quatre-Cents, et il crut que l'état, arrêté et affermi par ces deux puissans corps, comme par deux bonnes ancres, ne serait plus si agité ni si tourmenté, et que le peuple serait plus tranquille.

Je rapporterai seulement quelques-unes de ses lois, par lesquelles on pourra juger des autres.

Il est permis à tout le monde d'épouser la querelle de quiconque aurait été outragé ; de sorte que le premier venu pouvait poursuivre et mettre en justice celui qui avait commis l'excès. Par cette ordonnance, ce sage législateur voulait accoutumer ses citoyens à sentir les maux les uns des autres, comme membres d'un seul et même corps.

Par une autre loi, ceux qui, dans les différends publics, ne prenaient aucun parti, et attendaient le succès pour se déterminer, étaient déclarés infâmes, condamnés à un bannissement perpétuel, et à perdre tous leurs biens. Solon avait appris par une longue expérience, et par de profondes réflexions, que les riches, les puissans, les personnages sages même et les gens de bien sont ordinairement les plus réservés à s'exposer aux inconvéniens que les dissensions et les troubles peuvent causer dans la société, et que le zèle du bien public les rend bien moins vifs pour le défendre que la passion des factieux ne les rend ardens pour le détruire : que le bon parti, se trouvant ainsi abandonné par ceux qui pourraient lui donner, par leur réunion, plus de poids, d'autorité et de force, devient faible contre l'audace et la violence d'un petit nombre de méchans. Pour prévenir ce malheur, qui peut avoir les plus funestes suites, Solon avait voulu forcer les bien intentionnés, par la crainte des plus grandes peines, à se déclarer dès le commencement pour le parti le plus juste, et à ranimer le courage des meilleurs citoyens, en courant avec eux le même danger. Accoutumant ainsi les esprits à regarder presque comme ennemi et comme traître quiconque paraissait indifférent et insensible aux malheurs communs, il avait préparé à l'état une ressource prompte et assurée contre les entreprises subites des mauvais citoyens.

Solon abolit les dots des mariages, par rapport aux filles qui n'étaient pas uniques, et ordonna que les mariées ne porteraient à leurs maris que trois robes et quelques meubles de peu de valeur; car il ne voulait pas que le mariage devînt un trafic et un commerce d'intérêt, mais qu'il fût regardé comme une société honorable, pour donner des sujets à l'état, pour vivre ensemble agréablement et avec douceur, et pour se témoigner une amitié et une tendresse réciproques.

Avant Solon, il n'était point libre de tester : les biens du mourant allaient toujours à ceux de sa famille. Il permit de donner tout à qui l'on voudrait, quand on était sans enfans, préférant ainsi l'amitié à la parenté, le choix à la nécessité et à la contrainte, et rendant chacun véritablement maître de ses biens, par la liberté qu'il lui laissait d'en disposer à son gré. Il n'autorisa pourtant pas indifféremment toutes sortes de donations, et n'approuva que celles qu'on avait faites libre-

ment, sans aucune violence, sans avoir
l'esprit aliéné et corrompu par des breu-
vages, par des charmes, ou par les attraits
et les caresses d'une femme; persuadé avec
justice qu'il n'y a aucune différence entre
être séduit et être forcé, et mettant en
même rang la surprise et la force, la volupté et la douleur, comme des moyens que
peuvent également imposer à la raison et
captiver la liberté.

Il diminua la récompense de ceux qui
remportaient la victoire dans les jeux isth-
miques et dans les olympiques, en la fixant
pour les premiers à cent dragmes, c'est-à-
dire cinquante livres; et, pour les seconds,
à cinq cents dragmes, ou deux cent cinquante livres. Il trouvait que c'était une
chose honteuse de donner à des athlètes et
à des lutteurs, gens non-seulement inutiles,
mais souvent dangereux à leur patrie, des
récompenses très considérables, qu'il fallait garder pour ceux qui mouraient à la
guerre pour le service de leur pays, et
dont il était juste de nourrir et d'élever les
enfans, qui suivraient un jour l'exemple
de leurs pères.

Afin de mettre en vigueur les arts, les métiers et les manufactures, il chargea le sénat de l'Aréopage du soin d'informer des moyens dont chacun se servait pour subsister, et de châtier ceux qui menaient une vie oisive. Outre cette première vue, de faire fleurir les arts et métiers, l'établissement de cette loi était fondé sur deux autres raisons encore plus importantes. D'abord, Solon considérait que ceux qui n'ont rien et qui ne travaillent pas pour gagner de quoi vivre, sont préparés à employer toutes sortes de voies injustes pour en avoir; et que la nécessité de subsister les dispose aux malversations, aux rapines, aux artifices et aux fraudes; ce qui forme dans le sein de la république une école de vices et y entretient un levain qui ne manque pas de s'étendre et de corrompre peu à peu les mœurs publiques. En second lieu, les plus habiles dans l'art de gouverner ont toujours regardé ces hommes indignes et ennemis du travail comme une troupe dangereuse d'esprits inquiets, avides de nouveautés, toujours prêts aux séditions et aux troubles, et intéressés aux révolutions de l'état, qui peuvent seules changer leur situation. Ce sont toutes ces vues qui portèrent Solon à déclarer, par la loi dont nous parlons, qu'un fils ne serait pas tenu de nourrir son père s'il ne lui avait fait apprendre aucun métier.

Il dispensait du même devoir les enfans nés d'une courtisane. « Car il est évident, « disait-il, que celui qui méprise ainsi « l'honnêteté et la sainteté du mariage n'a « point eu en vue la fin légitime qu'on s'y « doit proposer, mais n'a songé qu'à as— « souvir sa passion. S'étant donc satisfait « lui-même, il ne s'est réservé aucun droit « sur ceux qui sont venus de ce commerce, « et dont il a rendu la vie, aussi bien que « leur naissance, un opprobre éternel. »

Il était défendu de dire du mal des morts, parce que la religion porte à tenir les morts pour sacrés, la justice à épargner ceux qui ne sont plus, la politique à ne pas souffrir que les haines soient éternelles.

Il l'était aussi de dire aucune injure à personne dans les temples, dans les lieux où se rendait la justice, dans les assemblées publiques et dans les théâtres pendant les jeux. Car, ne pouvoir être nulle part le maître de sa colère, c'est l'effet d'un naturel trop indocile et trop effréné; comme, de la retenir en tout temps et en toute occasion, c'est une vertu au-dessus des forces humaines et une perfection qui était réservée à la loi évangélique.

Cicéron remarque que le sage législateur d'Athènes, dont les règlemens étaient encore en vigueur de son temps dans cette puissante république, n'avait fait aucune loi contre le parricide. Comme on lui en demandait la raison, il répondit qu'il lui semblait que faire des lois et statuer des peines contre un crime inconnu et inouï jusque là, c'eût été l'enseigner plutôt que le défendre.

Je passe plusieurs lois sur le mariage et sur l'adultère, où l'on remarque des contradictions manifestes, et un mélange de lumières et de ténèbres, fort ordinaire aux plus éclairés des païens, qui n'avaient point de principe fixe.

Quand Solon eut publié ses lois, et qu'on se fut engagé par un serment public à les observer religieusement, du moins pendant cent années, il jugea à propos de s'éloigner d'Athènes pour leur laisser le temps de prendre racine et de se fortifier par l'usage; pour se délivrer lui-même des importunités de ceux qui venaient le consulter sur l'intelligence de ses lois, et pour éviter aussi les plaintes et la haine de ses citoyens; car, comme il le disait lui-même, dans les grandes entreprises il est difficile de plaire à tout le monde. Il fut absent pendant dix ans. C'est dans cet intervalle de temps qu'il faut placer ses voyages en Égypte, en Lydie chez le roi Crésus, et dans plusieurs autres pays.

(Av. J.-C. 559.) A son retour il trouva la ville tout en mouvement et en trouble. Les trois anciennes factions s'étaient réveillées et formaient trois partis différens. Lycurgue était à la tête de ceux de la plaine; Mégaclès, fils d'Alcméon, était chef de ceux de la côte; Pisistrate s'était déclaré pour les montagnards, auxquels se joignirent les artisans et les ouvriers qui vivaient de leurs bras et qui en voulaient le plus aux riches. De ces trois chefs, les deux derniers étaient les plus puissans.

Mégaclès était fils de cet Alcméon que Crésus avait extrêmement enrichi pour un service particulier qu'il en avait reçu. I avait de plus épousé une fille qui lui avait apporté des sommes immenses en mariage, c'était Agariste, fille de Clisthène, tyran de Sicyone. Ce Clisthène était le prince le plus riche et le plus opulent qui fût alors dans la Grèce. Pour être en état de se choisir un digne gendre, et dont il pût connaître par lui-même les mœurs et le caractère, il invita tous les jeunes seigneurs de la Grèce à venir passer une année chez lui : c'était une coutume ancienne d'en user ainsi. Il en vint de plusieurs endroits, au nombre de treize. C'étaient tous les jours des courses, des jeux, des tournois, des festins magnifiques, des conversations où l'on agitait toutes sortes de matières. L'un d'eux, qui jusque-là l'avait emporté sur tous les autres, manqua ce mariage, parce que dans une danse il avait fait des gestes et des postures qui déplurent infiniment à Clisthène. Enfin, au bout de l'année, celui-ci se déclara pour Mégaclès, et renvoya les autres seigneurs, après les avoir comblés d'honnêtetés et de présens. Voilà qui était Mégaclès.

Pisistrate était un homme poli, doux, insinuant, prompt à secourir les pauvres, sage et modéré envers ses ennemis, le plus habile des hommes à dissimuler, qui avait tous les dehors de la vertu au-dessus même des plus vertueux, qui paraissait zélé défenseur de l'égalité entre les citoyens, et absolument déclaré contre toute innovation et tout changement. Il n'eut pas de peine à tromper le peuple par cet air imposant ; mais Solon connut tout d'un coup où il tendait par ses déguisemens et ses artifices. Cependant il le ménagea dans le commencement, espérant peut-être de le ramener doucement à son devoir.

En ce temps-là Thespis commençait à changer la tragédie ; car elle avait été inventée avant lui. Ce spectacle attira tout le monde par sa nouveauté. Solon alla comme les autres entendre Thespis, qui jouait lui-même, selon la coutume des poètes anciens. Quand la pièce fut finie, il appela Thespis, et lui demanda s'il n'avait point de honte de mentir ainsi devant tant de gens. Thespis lui répondit qu'il n'y avait point de mal dans ces mensonges et dans ces fictions poétiques, qu'on ne faisait que par jeu. Oui, repartit Solon en donnant un coup de son bâton contre

terre; mais si nous souffrons et approu-
vons ce beau jeu-là, il passera bientôt
dans tous nos contrats et dans toutes nos
affaires.

Cependant Pisistrate poussait toujours
sa pointe; et pour arriver à son but, il
employa une ruse qui eut tout le succès
qu'il en attendait. S'étant blessé lui-même
et ensanglanté tout le corps, il se fit porter
sur la place dans un chariot, et excita la
populace en lui faisant entendre que c'é-
taient ses ennemis qui l'avaient mis en cet
état, et qu'il était la victime de son zèle
pour la république. On convoqua sur-le-
champ l'assemblée du peuple, et il y fut
résolu, quelques remontrances que fît
Solon au contraire, qu'on accorderait
cinquante gardes à Pisistrate pour la sûreté de sa personne. Il en augmenta bientôt le nombre autant qu'il lui plut, et par
leur moyen se rendit maître de la citadelle.
Tous ses ennemis prirent la fuite. Chacun
tremblait dans ville, et était dans le trouble, excepté Solon, qui reprochait hautement aux Athéniens leur lâcheté, et au
tyran sa perfidie. Et comme on lui demanda
ce qui pouvait lui donner une telle assu-

rance et une telle hardiesse : C'est ma vieillesse, dit-il. En effet, il était fort âgé, et il semblait ne hasarder pas beaucoup, étant près de finir ses jours ; si ce n'est qu'il arrive souvent qu'on devient plus attaché à la vie, à proportion qu'on a moins de raison et de droit de souhaiter qu'elle soit prolongée.

Mais Pisistrate, après avoir tout soumis, regardait sa conquête comme imparfaite, s'il n'y ajoutait celle de Solon. Bien instruit des moyens par lesquels un vieillard peut être gagné, il n'y eut point de caresses qu'il ne lui fît, point de marques d'estime et d'amitié qu'il ne lui donnât, en lui faisant toutes sortes d'honneurs, en l'appelant souvent près de sa personne, en se déclarant hautement pour ses lois, qu'il observait effectivement lui-même, et qu'il faisait observer par tous les autres. Solon, voyant qu'il n'était pas possible de porter Pisistrate à renoncer à la tyrannie, ni de la lui ôter, il crut qu'il était de la prudence de ne pas irriter l'usurpateur en rejetant les avances qu'il lui faisait ; et il espéra qu'en entrant dans sa confidence et dans son conseil il serait en état de rectifier au moins et

de conduire une domination qu'il ne pouvait abolir, et d'adoucir des maux qu'il
n'avait pu empêcher.

Il ne survécut pas deux ans entiers à la
liberté de sa patrie ; car Pisistrate s'était
rendu maître d'Athènes sous l'archonte
Comias, la première année de l'olympiade LI, et Solon mourut l'année suivante
sous l'archonte Hégestratus, qui succéda
à Comias.

Les deux partis, qui avaient pour chefs
Lycurgue et Mégaclès, s'étant réunis, chas-
sèrent Pisistrate d'Athènes. Il y fut bientôt
rappelé par Mégaclès lui-même, qui lui
donna sa fille en mariage. Mais un diffé-
rend survenu au sujet de ce mariage les
ayant brouillés de nouveau, les Alméo-
nides eurent du dessous, et furent obligés
de se retirer. Pisistrate fut détrôné deux
fois ; et deux fois il sut remonter sur le
trône. Les artifices l'y placèrent, la modération l'y maintint, et sans doute que son
éloquence, fort grande, au jugement
même de Cicéron, le fit beaucoup goûter
aux Athéniens, déjà trop sensibles aux
charmes de la parole, puisqu'ils leur firent
oublier le soin de leur liberté. Une exacte

soumission aux lois le distingua de ceux qui, comme lui, avaient usurpé l'autorité, et la douceur de sa domination fit honte à plus d'un souverain légitime. Aussi a-t-il mérité qu'on l'opposât aux autres tyrans. Cicéron, dans l'incertitude de la manière dont César userait de la victoire après la journée de Pharsale, manda à son cher Atticus : « Nous ne savons pas encore si le « destin de Rome veut ou que nous gémis- « sions sous un Phalaris, ou que nous vi- « vions sous un Pisistrate.

En effet ce tyran, s'il faut l'appeler de ce nom, se montra toujours fort populaire et fort modéré, jusqu'à souffrir tranquille- ment les reproches et les injures, qu'il pou- vait venger d'un seul mot. Ses jardins et ses vergers étaient ouverts à tous les ci- toyens, en quoi il fut imité par Cimon. On dit que ce fut lui qui, le premier, ouvrit une bibliothèque publique à Athènes, la- quelle s'augmenta beaucoup dans la suite, et fut transportée en Perse par Xerxès, lorsqu'il prit la ville. Mais Séleucus-Nica- nor, long-temps après, la fit reporter à Athènes. Cicéron croit que ce fut Pisis- trate aussi qui, le premier, donna aux

Athéniens la connaissance des poèmes d'Homère, qui en disposa les livres dans l'ordre où nous les avons, au lieu qu'auparavant ils étaient confus et dérangés, et qui les fit réciter publiquement dans les fêtes qu'on appelait Panathénées. Platon attribue cet honneur à son fils Hipparque.

Pisistrate mourut tranquillement, et transmit à ses enfans la souveraineté qu'il avait usurpée, il y avait trente-trois ans, dont il en avait régné dix-sept en paix.

(Av. J.-C. 526.) Ses enfans étaient Hippias et Hipparque. Thucydide en ajoute un troisième, qu'il appelle Thessalus. Il paraît qu'ils avaient hérité de leur père le goût pour les lettres et pour les gens savans. Platon, qui attribue à Hipparque ce que nous avons dit des poèmes d'Homère, ajoute qu'il fit venir à Athènes le fameux poète Anacréon, qui était à Théos, ville d'Ionie, lui ayant envoyé exprès un vaisseau à cinquante rames. Il avait aussi chez lui Simonide, autre poète assez célèbre, qui était de l'île de Céos, l'une des Cyclades dans la mer Égée, à qui il payait une grosse pension et faisait de riches présens. Le dessein de ces princes, en faisant venir ainsi des

gens savans à Athènes, était, dit Plat on
d'adoucir et de cultiver l'esprit de leurs
citoyens, et de leur inspirer du goût pour
la vertu en leur en inspirant pour les
sciences. Il n'y eut pas jusqu'aux gens de
la campagne qu'ils songèrent à instruire,
en faisant ériger, non seulemnnt dans
toutes les rues de la ville, mais sur tous les
chemins publics, des statues de pierre appelées Mercures, où étaient inscrites de
graves sentences propres à former les
mœurs, qui, par de muettes leçons, ins-
truisaient tous les passans. Platon semble
supposer qu'Hipparque avait l'autorité, ou
que les deux frères régnaient ensemble.
Mais Thucydide démontre que ce fut
Hippias qui succéda à son père, comme
l'aîné de ses enfans.

Quoi qu'il en soit, leur règne en tout,
depuis la mort de Pisistrate, ne dura que
dix-huit ans; et voici comme il finit.

Harmodius et Aristogiton, tous deux
citoyens d'Athènes, étaient liés d'une amitié très étroite. Hipparque, mécontent du
premier pour une injure personnelle qu'il
prétendait en avoir reçue, chercha à s'en
venger sur sa sœur, par un affront public

qu'il lui fit en l'obligeant de se retirer honteusement d'une procession solennelle où
elle devait porter une corbeille sacrée, sous
prétexte qu'elle n'était point en état d'assister à cette cérémonie. Le frère, et encore plus son ami, piqués jusqu'au vif
d'une si sanglante injure, prirent dès-lors
la résolution d'attaquer les tyrans. Ils
attendirent pour cela l'occasion d'une fête,
qui leur parut très favorable pour leur
dessein; c'était celle des Panathénées, où
la cérémonie de la fête demandait que tous
les artisans fussent en armes. Pour plus
grande sûreté, ils n'avaient mis dans leur
secret qu'un très petit nombre de citoyens,
comptant qu'au premier mouvement tous
les autres se joindraient à eux. Le jour
arrivé, ils vinrent de bonne heure dans
la place, armés de leurs poignards. Hippias, sorti du palais, alla dans le Céra-
mique, qui était un lieu hors de la ville,
où était pour lors la compagnie des gardes,
et il y donna les ordres nécessaires pour la
cérémonie. Les deux amis l'y avaient suivi.
Ils virent un des conjurés qui s'entretenait
familièrement avec lui. Ils crurent qu'ils
étaient trahis. Ils auraient bien exécuté

dans le moment même leur dessein sur Hippias, mais ils voulaient commencer par l'auteur de l'affront qu'ils vengeaient. Ils retournent donc dans la ville et ayant rencontré Hipparque, ils le tuèrent. Mais ayant été arêtés sur-le-champ, eux-mêmes furent tués, et Hippias trouva le moyen de dissiper cet orage.

Depuis ce temps-là il ne garda plus de mesures, et régna véritablement en tyran, faisant mourir un grand nombre de citoyens. Pour se mettre à l'abri d'une pareille entreprise, et se préparer une retraite sûre en cas d'accident, il chercha de l'appui au dehors, et donna sa fille en mariaga au fils du tyran de Lampsaque.

Cependant les Alcméonides, qui, dès le commencement de la révolution, avaient été exilés d'Athènes par Pisistrate, et qui voyaient leur espérance trompée par le mauvais succès de la dernière conspiration, ne perdirent pas néanmoins courage, et tournèrent leurs vues d'un autre côté. Comme ils étaient fort riches et fort puissans, ils se firent charger par les amphictyons, qui formaient le conseil public de la Grèce, de la construction du nouveau temple de Delphes, moyennant la somme de trois cents talens, c'est-à-dire trois cent mille écus. Généreux comme ils étaient, et d'ailleurs ayant leurs raisons pour en user ainsi, ils y mirent beaucoup du leur et firent à leurs dépens toute la façade du temple, de marbre de Paros, quoiqu'elle ne dût être que de pierres, suivant le marché qu'ils avaient fait avec les amphictyons.

La libéralité des Alcméonides n'avait pas été tout-à-fait gratuite, ni leur magnificence à l'égard du dieu de Delphes un pur effet de religion ; la politique y était entrée pour beaucoup, et y avait eu la plus grande part. Ils avaient espéré par ce moyen se faire un grand crédit dans le temple, et cela arriva comme ils l'avaient projeté. L'argent qu'ils répandirent à pleines mains dans celles de la prêtresse acheva de les rendre maîtres absolus et de l'oracle, et du dieu prétendu qui le rendait, qui, dans la suite, devenu leur écho, ne fit que répéter fidèlement les paroles qu'ils avaient dictées, et leur prêta, avec une constante reconnaissance, le secours de sa voix et de son autorité. Toutes les fois donc qu'il venait quelque Spartiate consulter la prêtresse , soit en son nom , soit au nom de la république, elle ne lui promettait l'assistance de son dieu qu'à condition que les Lacédémoniens délivreraient Athènes du joug de la tyrannie. Elle leur répéta cet ordre tant de fois, qu'ils se déterminèrent enfin à faire la guerre aux Pisistratides, quoiqu'ils eussent avec eux les plus fortes liaisons d'amitié et d'hospitalité , préférant, dit Hérodote, la volonté de Dieu à toutes les considérations humaines.

La première tentative leur réussit mal, et les troupes qu'ils envoyèrent contre les tyrans furent repoussées avec perte. Elle fut suivie de près d'une seconde, qui paraissait ne devoir pas avoir un meilleur succès , parce que les Lacédémoniens voyant que le siège qu'ils avaient mis devant Athènes traînait en longueur, s'étaient retirés pour la plupart, et n'y avaient laissé qu'un petit nombre de troupes. Mais les enfans du tyran qu'on avait fait sortir furtivement de la ville pour les mettre ailleurs en sûreté, ayant été pris et arrêtés, leur père fut obligé, pour les racheter, d'en venir à un accommodement avec les

Athéniens, et il convint de sortir de l'Attique dans l'intervalle des cinq jours. Il se
retira en effet dans le temps marqué (Av.
J.-C. 508.); après avoir régné dix-huit ans,
et s'établit à Sigée, ville de la Phrygie, située à l'embouchure du fleuve Scamandre.

Pline remarque que les tyrans furent
chassés d'Athènes la même année que les
rois le furent de Rome. On rendit les honneurs extraordinaires à la mémoire d'Harmodius et d'Aristogiton. Leur nom fut
toujours infiniment respecté à Athènes dans
la suite des siècles, et presque égalé à celui des dieux. On leur érigea sur-le-champ
des statues dans la place publique, honneur qui jusque là n'avait été rendu à personne. La vue seule de ces statues, expo-
sées en spectacle aux yeux de tous les
citoyens, rallumait en eux la haine et l'exécration de la tyrannie, et renouvelait de
jour en jour dans leurs esprits une vive reconnaissance pour ces généreux défenseurs
de la liberté, qui n'avaient pas craint de
lui sacrifier leur vie et de la sceller de leur
sang. Alexandre-le-Grand, qui savait combien leur souvenir était présent aux Athéniens, et jusqu'où ils portaient leur zèle à

cet égard, crut leur faire un sensible plaisir en leur renvoyant les statues de ces deux grands hommes, qu'il trouva dans la Perse après la défaite de Darius, et que Xerxès avait autrefois enlevées d'Athènes. Pausanias attribue cette action à Séleucus Nicanor, l'un des successeurs d'Alexandre; et il ajoute qu'il renvoya aussi aux Athéniens leur bibliothèque, que le même Xerxès avait emmenée avec lui en Perse.

Athènes, dans le temps qu'elle fut délivrée, n'avait pas borné sa reconnaissance aux seuls auteurs de sa liberté : elle l'étendit jusqu'à une femme qui signala son courage dans cette occasion. C'était une courtisane appelée Lionne, qui par les charmes de sa beauté, et par son adresse à toucher de la lyre, s'était particulièrement attaché Harmodius et Aristogiton. Après leur mort, le tyran, qui savait qu'ils n'avaient rien de caché pour cette femme, la fit metre à la question pour tirer [d'elle le nom des conjurés. Elle souffrit les tourmens avec une constance invincible, et expira au milieu des supplices, montrant que son sexe est plus courageux et plus capable de secret que l'on ne pense. Les Athéniens ne laissèrent pas périr la mémoire d'une action si glorieuse. Sa qualité de courtisane semblait en ternir l'éclat : ils la dissimulèrent, et la covrirent en érigeant en son honneur une statue de lionne qui était sans langue.

Plutarque, dans la vie d'Aristide, raconte une chose qui fait beaucoup d'honneur aux Athéniens, et qui marque jusqu'où allait leur reconnaissance pour leur libérateur, et leur respect pour sa mémoire. Ils apprirent que la petite-fille d'Aristogiton était à Lemnos, où elle vivait dans un état très pitoyable, sans pouvoir se marier, à cause de son extrême misère. Le peuple la fit venir à Athènes, et la mariant à un des plus riches et des plus considérables partis de la ville, il lui donna pour dot une terre dans le bourg de Potamos.

Il semblait qu'Athènes, en recouvrant sa liberté, eût aussi recouvré son ancien courage. Sous les tyrans, elle avait agi avec lenteur et nonchalance, sachant que c'était pour eux qu'elle travaillait. Depuis qu'elle en fut délivrée, elle montra tout une autre activité, parce qu'elle travaillait pour elle-même.

Elle ne jouit pas d'abord néanmoins d'une tranquillité parfaite. Deux de ses citoyens, Clisthène, de la famille des Alcméonides, et Isagoras, qui étaient les plus puissans de la ville, se disputant l'un à l'autre l'autorité, y formèrent deux factions. Le premier, qui avait attiré le peuple dans son parti, en changea la constitution, et au lieu des quatre tribus dont il avait été composé jusque là, il en établit dix, auxquelles il donna les noms des dix enfans d'Ion, que les historiens grecs donnent pour leur père et le premier auteur de la nation. Isagoras, se voyant inférieur en crédit à son rival, eut recours aux Lacédémoniens. Cléomène, l'un des deux rois de Sparte, obligea Clisthène de sortir de la ville, avec sept cents familles qui étaient attachées à son parti. Mais elles y rentrèrent bientôt avec leurs chefs.

Les Lacédémoniens, piqués de dépit et de jalousie contre Athènes, qui prétendait ne point dépendre d'eux, et d'ailleurs se repentant d'en avoir chassé les tyrans, sur la foi d'un oracle dont ils avaient reconnu depuis la fourberie, songèrent à y rétablir Hippias, l'un des enfans de Pisistrate, et pour cet effet, le firent venir de Sigée où il s'était retiré. Il proposèrent leur dessein dans une assemblée des députés de leurs alliés, du secours desquels ils voulaient se fortifier pour ne point manquer leur coup. Le député de Corinthe parla le premier : il marqua son étonnement de ce que les Lacédémoniens, ennemis déclarés pour eux-mêmes de la tyrannie qu'ils avaient en horreur, voulaient l'établir ailleurs, et il mit dans tout son jour l'injuste et cruelle domination des tyrans dont Corinthe, sa patrie, avait fait tout récemment une triste expérience. Tous les autres alliés applaudirent à son discours. Ainsi l'entreprise échoua, et n'eut d'autre effet que de découvrir la basse jalousie des Lacédémoniens, et de les couvrir de honte.

Hippias, déchu de son espérance, se retira en Asie chez Artapherne, gouverneur de Sardes pour le roi de Perse, et n'oublia rien pour l'engager à porter ses armes contre Athènes, en lui faisant entendre que la prise d'une ville si puissante le rendrait maître de toute la Grèce. Artapherne somma les Athéniens de rétablir sur le trône Hippias : à quoi ils ne répon-

dirent que par un refus net et absolu.
Voilà quelle fut l'origine et l'occasion
des guerres des Perses contre les Grecs,
lesquelles feront la matière des volumes
suivans.

ARTICLE VIII.

Hommes illustres qui se sont distingués dans
les sciences.

Homère. — Le plus célèbre de tous les
poètes, et dont le mérite a jeté un plus
grand éclat, est en même temps celui dont
la patrie et le temps où il a vécu sont le
moins connus. Des sept villes de la Grèce
qui se disputent entre elles l'honneur de
lui avoir donné la naissance, Smyrne
est celle qui semble être à plus juste titre
en possession de ce glorieux privilège.
Hérodote marque qu'Homère était né quatre cents ans avant lui, c'est-à-dire trois
cent quarante ans après la prise de Troie;
car Hérodote florissait sept cent quarante
ans après cette expédition. (Av. J. C. 844.)

Quelques auteurs ont prétendu qu'il fut
appelé Homère parce qu'il était aveugle-
né. Velléius Paterculus rejette avec mépris
ce conte : « Si quelqu'un, dit-il, croyait
« qu'Homère est né aveugle, il faut qu'il

« le soit lui-même, et privé de tous les
« sens. » En effet, selon la remarque de
Cicéron, la poésie d'Homère est plutôt
une peinture qu'une poésie, tant il sait
peindre au naturel, et mettre comme sous
les yeux du lecteur les images de tout ce
qu'il entreprend de décrire; et il semble
avoir pris à tâche de faire passer comme
en revue dans ses ouvrages tout ce que la
nature a de plus riant et de plus gracieux.

Ce qu'il y a de plus étonnant dans ce
poète, c'est que, s'étant appliqué le premier, du moins de ceux qui sont connus, au
genre de poésie le plus sublime et le plus
difficile de tous, il l'a porté tout d'un coup,
comme par un vol rapide, à un si haut
degré de perfection; ce qui dans les autres
arts n'arrive presque jamais que par de
lents progrès et par une longue suite
d'années.

Ce genre de poésie est le poème épique, ainsi appelé du mot grec, parce
que l'action est racontée par le poète. Le
sujet de ce poème doit être grand, instruc-
tif, sérieux; ne renfermer qu'un seul évènement principal, auquel tous les autres
se rapportent; et cette action principale

doit être passée dans un certain espace de temps, qui est tout au plus d'une année.

Homère a composé deux poëmes de ce genre, savoir : l'Iliade et l'Odyssée; dont le premier a pour sujet la colère d'Achille, si pernicieuse aux Grecs qui assiégeaient Ilion ou Troie; et l'autre les voyages et les aventures d'Ulysse après la prise de cette ville.

Il est remarquable qu'aucune des nations les plus éclairées n'a rien imaginé de pareil; et que celles qui ont produit quelques poëmes en ce genre en ont toutes pris l'idée d'Homère, en ont emprunté les règles, se le sont proposé pour modèle, et n'ont eu de succès qu'autant qu'elles en ont approché. C'est qu'Homère était un esprit original, et propre à former les autres.

Tout ce qu'il y a eu de plus grands hommes et de plus forts génies depuis deux mille cinq ou six cents ans en Grèce, en Italie et ailleurs; ceux dont on est forcé encore aujourd'hui d'admirer les écrits; ceux qui sont encore nos maîtres, et qui nous enseignent à penser, à raisonner, à parler, à écrire; tous ces gens-là, dit madame Dacier, reconnaissent Homère pour le plus grand des poètes, et ses poèmes comme le modèle du bon goût. Après cela y a-t-il aucun homme, quelque habile qu'il se croie, qui puisse raisonnablement présumer que ses décisions prévaudront sur celles de tant de juges si éclairés et si respectables?

Des témoignages si anciens, si constans, si universels, justifient pleinement le jugement avantageux qu'Alexandre-le-Grand portait des ouvrages d'Homère, qu'il considérait comme la production la plus rare et la plus précieuse de l'esprit humain.

Quintilien, après avoir fait un éloge magnifique d'Homère, nous donne une juste idée de son caractère et de son style dans ce peu de mots : *Hunc nemo in magnis sublimitate, in parvis proprietate superavit. Idem lætus ac pressus, jucundus et gravis, tum copia, tum brevitate mirabilis.* « Dans « les grandes choses, rien de plus sublime « que son expression; dans les petites, rien « de plus propre. Etendu, serré, grave et « doux, également admirable par son abon- « dance et sa brièveté. »

Hésiode. — L'opinion la plus commune

le fait contemporain d'Homère. On dit qu'il était né à Cumes, ville d'Eolie, mais qu'il fut nourri et élevé à Ascra, petite ville de Béotie, qui depuis a passé pour sa patrie : aussi Virgile l'appelle-t-il le vieillard d'Ascra. Il n'est guère connu que par le peu de poésies qui nous sont restées de lui, toutes en vers hexamètres, qui sont : 1° *les Ouvrages et les Jours*; 2° *la Théogonie*, ou généalogie des dieux; 3° *le Bouclier d'Hercule* : on doute pourtant que ce dernier soit de lui.

1. Dans le premier de ces poèmes intitulé *les Ouvrages et les Jours*, Hésiode traite de l'agriculture, qui demande, outre beaucoup de travail, qu'on observe les temps, les saisons, les jours. Ce poème est rempli de sentences et de maximes excellentes pour la conduite de la vie. Il le commence par une courte mais vive description de deux sortes de disputes : l'une funeste au genre humain, et source des querelles, des discordes, des guerres; l'autre infiniment utile et salutaire aux hommes, qui aiguise leur esprit, qui excite parmi eux une noble émulation, et qui donne lieu à l'invention et à calculer des arts. Il fait

dans la suite une admirable description des quatre différens âges du monde, d'or, d'argent, d'airain et de fer. Ce sont ceux de ce premier âge d'or, que Jupiter, après leur mort, changea en autant de génies et d'esprits, qu'il établit gardiens des hommes, et qu'il chargea du soin de parcourir la terre, cachés dans un nuage obscur, et d'observer les bonnes et les mauvaises actions de ceux qui l'habitent.

Ce poème a servi de modèle à Virgile pour composer ses Géorgiques, comme il le témoigne lui-même par ce vers :

Ascræumque cano romana per oppida carmen.

Le choix que ces deux illustres poètes ont fait de cette matière, pour la traiter en vers, nous marque en quel honneur étaient chez les anciens la culture des terres et la nourriture des troupeaux, deux sources innocentes de richesses et d'abondance pour un pays. Il est bien fâcheux que, dans les siècles postérieurs, on ait laissé éteindre ce goût, si conforme à la nature, et si propre à conserver l'innocence des mœurs : l'avarice et la volupté l'ont entièrement étouffé.

2. On peut regarder *la Théogonie* d'Hé-

siode et les poèmes d'Homère, comme les archives et les monumens les plus sûrs de la théologie des anciens, et de l'opinion qu'ils avaient de leurs dieux. Car il ne faut pas croire que ces poètes aient été les inventeurs des fables que nous lisons dans leurs ouvrages : ils n'ont fait que recueillir et transmettre à la postérité les traces de la religion qu'ils avaient trouvée établie et dominante dans leur temps et dans leur pays.

3. *Le Bouclier d'Hercule* est un morceau détaché d'un poème dans lequel on prétend qu'Hésiode célébrait les héroïnes de l'antiquité les plus illustres ; et il est ainsi appelé parce qu'on y trouve une longue description du bouclier d'Hercule, dont ce poème rapporte une aventure particulière.

La poésie d'Hésiode, dans les endroits qui sont susceptibles d'ornemens, est fort belle et fort agréable, mais moins élevée et moins sublime que celle d'Homère. Quintilien lui donne le premier rang dans le genre d'écrire médiocre.

ARCHILOQUE. — [Av. J.-C. 724.] Le poète Archiloque, natif de Paros, inventure des vers iambes, vivait du temps de

Candaule, roi de Lydie. Il a cela de commun avec Homère, selon Velléius Paterculus, d'avoir porté tout d'un coup à une très grande perfection le genre de poésie qu'il avait inventé. Les pieds qui donnèrent leur nom à ces vers, et qui seuls d'abord y furent admis, sont composés d'une brève et d'une longue. Il paraît que le vers iambe, tel qu'Archiloque l'inventa, était fort propre pour un style véhément et énergique : aussi voyons-nous qu'Horace, en parlant de ce poète, dit que sa colère, ou plutôt que sa rage, l'arma de l'iambe pour exercer sa vengeance.

Archilochum proprio rabies armavit iambo.

Et Quintilien nous apprend qu'il avait une force d'expression extraordinaire, des pensées hardies, de ces traits qui sont courts, mais vifs et perçans ; en un mot, un style plein de force et de nerf. On disait de ses pièces de poésie que les plus longues étaient les plus belles. On a porté le même jugement des harangues de Démosthène et de celles de Cicéron. Celui-ci en dit autant des lettres de son ami Atticus.

Les vers d'Archiloque étaient mordans et licencieux, témoins ceux qu'il écrivit contre Lycambe, qui le réduisirent au désespoir. Par cette double raison, ses poésies, quelque excellentes qu'elles fussent jugées d'ailleurs, furent absolument bannies de Sparte, comme plus capables de corrompre les mœurs et le cœur des jeunes gens qu'utiles pour former leur esprit. Il ne nous en reste que de très courts fragmens. Cette délicatesse d'un peuple païen, sur la qualité des livres dont on doit permettre la lecture aux jeunes gens, est bien digne de remarque et fera la condamnation de plusieurs chrétiens.

HIPPONAX. — Ce poète était d'Ephèse. Il se signala, quelques années après Archiloque, dans la même genre de poésie, et avec la même violence. Il était laid, petit et d'une taille fort menue. Deux frères, célèbres sculpteurs, nommés Bupalus et Athénis (d'autres nomment celui-ci Anthermus), égayèrent leur imagination à son sujet, et le représentèrent sous une forme ridicule. Il est dangereux de s'attaquer à des poètes satiriques. Hipponax lança contre les deux frères des traits de satire si piquans, qu'ils se pendirent de dépit : d'autres disent qu'ils quittèrent seulement la ville d'Ephèse où demeurait Hipponax. Sa plume atrabilaire n'épargna pas même ceux à qui il devait la vie. Quel monstre ! Horace joint Hipponax à Archiloque et les représente comme deux poètes également dangereux. Il y a dans l'Anthologie trois ou quatre épigrammes qui représentent Hipponax comme encore terrible après sa mort. On y exhorte les passans à s'éloigner de son tombeau , comme d'un lieu d'où il sort une grêle épouvantable.

On croit que c'est lui qui a inventé le vers scazon, où le spondée a pris la place de l'iambe, qui se trouve toujours au sixième pied du vers qui porte ce nom.

STÉSICHORE. — Il était d'Himère , ville de Sicile, et se distingua dans la poésie lyrique, aussi bien que les poètes dont il va être parlé dans la suite. On appelle poésie lyrique celle dont les vers , c'est-à-dire des odes ou des stances se chantaient sur la lyre, ou sur d'autres instrumens pareils. Stésichore a vécu entre la 37e et 47e olympiade. Pausanias, après plusieurs autres fables, raconte que Stésichore, ayant perdu la vue, en punition des vers mordans et satiriques qu'il avait faits contre Hélène, ne la recouvra qu'après avoir rétracté ses médisances par une nouvelle pièce contraire à la première, ce qu'on appelle depuis *palinodie*. Quintilien dit qu'il chanta des guerres considérables et d'illustres héros, et qu'il soutint sur la lyre la noblesse et l'élévation du poème épique.

ALCMAN. — Il était de Lacédémone, ou, selon d'autres, de Sardes en Lydie, et vivait à peu près du même temps que Stésichore. Quelques-uns le font auteur des vers tendres.

ALCÉE. — Sa patrie était Mitylène, ville de Lesbos. C'est de lui que le vers alcaïque a tiré son nom. Il fut l'ennemi déclaré des tyrans de Lesbos, et en particulier de Pittacus, qu'il ne cessa de déchirer par ses vers. On dit que dans un combat où il se trouva, saisi de frayeur, il jeta bas ses armes et se sauva par la fuite. Horace raconte de lui-même une pareille aventure. Les poètes se piquent moins de bravoure que de bel-esprit. Quintilien dit que le style d'Alcée était serré, magnifique, châtié; et, ce qui met le comble à son éloge, qu'il ressemblait fort à Homère.

Simonide. — Simonide était de Céos, île de la mer Égée. Il florissait encore au temps de l'expédition de Xerxès. Il réussit principalement dans les élégies. On lui attribue l'invention de la mémoire locale. J'en ai parlé ailleurs. A l'âge de quatre-vingts ans il disputa le prix de la poésie, et l'emporta.

La réponse qu'il fit à un prince qui lui demandait la définition de Dieu est fort célèbre. Ce prince est Hiéron, roi de Syracuse. Il le pria de lui dire ce que c'est que Dieu. Le poète demanda un jour pour examiner la question qu'on lui proposait. Le lendemain il en demanda deux; et à mesure qu'on le sommait de répondre, il doublait toujours le temps. Le roi, surpris de cette conduite, en voulût savoir la cause. « J'en use ainsi, lui répondit Simonide, « parce que, plus j'examine cette matière, « plus elle me semble obscure : » La réponse était sage, si elle venait d'une grande idée de la majesté divine, que nulle intelligence ne peut comprendre, et nulle langue expliquer.

Après avoir parcouru plusieurs villes de l'Asie, et y avoir amassé beaucoup d'ar-

13.

geut en célébrant par ses vers les louanges de ceux qui étaient en état de le bien récompenser, il s'embarqua pour l'île de Céos sa patrie. Le vaisseau fit naufrage. Chacun, en se sauvant, emporta ce qu'il put. Simonide ne se chargea de rien ; et lorsqu'on lui en demanda la raison, « C'est, « répondit-il, parce que tout ce que j'ai est avec moi : » Plusieurs de ses compagnons de naufrage se noyèrent, accablés du poids des choses qu'ils avaient voulu sauver. Ceux qui abordèrent furent pillés par des voleurs. Chacun se retira à Clazomène, qui n'était pas loin du lieu où le vaisseau était péri. Un bourgeois qui aimait les lettres, et qui avait lu les poésies de Simonide avec beaucoup d'admiration, se fit un plaisir et un honneur de le recevoir chez lui, et lui fournit abondamment toutes les choses nécessaires, pendant que les autres furent obligés de mendier par la ville. Le poète, les rencontrant, n'oublia pas de leur faire remarquer la justesse de la réponse qu'il leur avait faite.

On lui a reproché d'avoir déshonoré la poésie par son avarice, en rendant sa plume vénale, et ne faisant des vers qu'après avoir stipulé qu'on lui donnerait une certaine somme. Ce qu'on lit dans Aristote en est la preuve, et ne lui fait pas d'honneur. Quelqu'un qui avait gagné le prix de la course pria Simonide de composer sur ce sujet un chant de triomphe. Le poète, ne trouvant pas que la récompense qu'on lui proposait fût assez grande, répondit qu'il ne pouvait bien traiter ce sujet-là. Cette victoire avait été remportée à la course des mules ; et il prétendait que cet animal ne fournissait pas une belle matière de louange. On lui fit des offres plus avantageuses, qui anoblirent la mule ; et alors il fit le poème qu'on lui demandait. Il y a long-temps que l'argent est en possession de donner de la noblesse et de la beauté :

Et genus et formam regina pecunia donat.

Les mules naissent d'une ânesse et d'un cheval. Le poète, comme le remarque Aristote, ne les avait d'abord considérées que par le vilain endroit. L'argent les lui fit regarder du bon côté, et il les appela *les nobles filles des coursiers rapides*.

Sapho. — Elle était du même lieu et vivait du même temps qu'Alcée. Le vers saphique lui doit son nom. Elle avait composé un assez grand nombre de pièces; il ne nous en reste que deux, qui font juger que les louanges que lui ont données tous les siècles pour la beauté, la tendresse, le nombre, l'harmonie et les graces infinies de ses vers, ne sont point sans fondement. Aussi lui donna-t-on le nom de dixième muse, et ceux de Mitylène firent graver son image sur leur monnaie. Il serait à souhaiter que la pureté de ses mœurs eût répondu à la beauté de son génie, et qu'elle n'eût pas déshonoré son sexe par ses vices et par ses dérèglemens.

ANACRÉON. — Ce poète était de Téos, ville d'Ionie : il vivait dans la 72ᵉ olympiade. Il passa beaucoup de temps à la cour de Polycrate, cet heureux tyran de Samos; et il fut non-seulement de tous ses plaisirs, mais encore de son conseil. Platon nous apprend qu'Hipparque, l'un des fils de Pisistrate, envoya un vaisseau à cinquante rames à Anacréon, et lui écrivit fort obligeamment pour le conjurer de vouloir bien venir à Athènes, où ses beaux ouvrages seraient estimés et goûtés comme ils le méritaient. On dit que la joie et le plaisir faisaient son unique étude, et ce qui nous reste de ses ouvrages en fait foi. On voit partout dans ses vers que sa main écrit ce que son cœur sent. Leur délicatesse se fait mieux sentir qu'on ne peut l'exprimer. Rien ne serait plus estimable que ses poésies, si elles avaient un meilleur objet.

Thespis. — Il fut l'auteur de la tragédie. Je me réserve à en parler lorsque je traiterai des poètes tragiques.

Les sept Sages de la Grèce.

Ces hommes sont trop célèbres dans l'antiquité pour être omis dans l'histoire que je traite. Leur vie est écrite par Diogène Laerce.

Thalès le Milésien. — Si l'on en croit Cicéron, il tenait le premier rang entre les sept sages. Ce fut lui qui jeta en Grèce les fondemens de la philosophie, et forma une secte nommée l'ionique, parce qu'il était d'Ionie.

Il croyait que l'eau est le principe de toutes choses, et que Dieu est cette intelligence par qui tout est formé de l'eau. Il avait emprunté la première de ces opinions des Égyptiens, lesquels voyant que c'est le Nil qui cause la fertilité de leurs terres, pouvaient s'imaginer que l'eau est le principe de toutes choses.

Il est le premier des Grecs qui se soit appliqué à l'astronomie. Il avait marqué le temps précis de l'éclipse de soleil qui arriva sous le règne d'Astyage, roi de Médie, dont il a été parlé ci-devant.

Il est aussi le premier qui a fixé les termes et la durée de l'année solaire parmi les Grecs. En comparant la grandeur du corps du soleil avec celui de la lune, il crut avoir trouvé que le corps de la lune n'était en solidité que la sept cent vingtième partie du corps du soleil, et par conséquent que le soleil surpassait en solidité le corps de la lune plus de sept cents fois. Ce calcul est bien éloigné de la vérité, puisque la solidité du soleil surpasse non-seulement sept cents fois, mais plusieurs millions de fois la solidité ou grosseur de la lune. Mais on sait combien, en toutes sortes de matières, et surtout dans celle dont il s'agit ici, les premières observations et découvertes qu'on y fait sont imparfaites.

Dans son voyage en Égypte, il trouva un moyen facile, et sûr en même temps, de mesurer la hauteur des pyramides, en observant le jour où l'ombre de notre corps est égale à la hauteur même de notre corps.

Pour montrer que les philosophes n'étaient pas si dépourvus de talent, et si ineptes pour les affaires qu'on le pensait, et qu'ils réussiraient comme les autres à s'enrichir s'ils le voulaient, il acheta le fruit de tous les oliviers qui étaient dans le territoire de Milet avant qu'ils fussent en fleurs. La profonde connaissance qu'il avait de la nature lui avait peut-être fait connaître que l'année serait d'une extrême fertilité. Elle le fut en effet, et il fit un gain considérable.

Il avait coutume de remercier les dieux de trois choses : de ce qu'il était né créature raisonnable et non pas bête, homme et non pas femme, Grec et non barbare.

Sa mère le pressant de se marier, il répondit d'abord qu'il n'était pas encore temps; et quand plusieurs années se furent écoulées il répondit qu'il n'était plus temps.

S'étant un jour laissé tomber dans une fosse, pendant qu'il était attentif à contempler les astres, une bonne vieille lui dit : « Eh ! comment connaîtriez-vous ce qui est dans le ciel, et si fort au-dessus de votre tête, vous qui ne voyez pas ce qui est à vos pieds et tout près de vous ? »

(Av. J.-C. 547.) Il était né la première année de la 35ᵉ olympiade ; et il mourut la première année de la 58ᵉ, âgé par conséquent de plus de quatre-vingt-dix ans.

SOLON. — Sa vie a été rapportée fort au long.

CHILON. — Il était de Lacédémone. On ne sait pas beaucoup de choses de lui. Ésope lui demandant un jour à quoi Jupiter s'occupait, « A abaisser, dit-il, ceux qui s'élèvent, et à élever ceux qui s'abaissent. »

Il mourut de joie à Pise, ayant vu son fils remporter la victoire du pugilat dans les jeux olympiques. Il dit en mourant qu'il ne croyait point avoir commis aucune faute pendant tout le cours de toute sa vie (sentiment digne de l'orgueil et de l'aveuglement d'un philosophe païen), si ce n'était peut-être d'avoir usé de détour et de dissimulation dans un jugement pour faire plaisir à un ami, en quoi il ne savait s'il

avait bien ou mal fait. Il mourut vers la
52ᵉ olympiade.

PITTACUS. — Il était de Mitylène, ville
de Lesbos. Uni aux frères d'Alcée, fameux
poète lyrique, et Alcée lui-même, qui s'était
mis à la tête des exilés, il chassa de cette
île le tyran qui s'en était rendu maître.

Ceux de Mytilène étant en guerre avec
les Athéniens, Pittacus eut la conduite de
l'armée. Pour épargner le sang de ses citoyens, il offrit de se battre contre Phry-
non, qui était le chef des ennemis. Le
parti fut accepté. Pittacus le vainquit et le
tua. En reconnaissance, les habitans de
Mitylène, d'un commun accord, lui donnèrent la souveraineté de leur ville. Il l'ac-
cepta, et se conduisit d'une manière si sage
et si modérée, qu'il fut toujours considéré
et chéri de ses sujets.

Cependant Alcée, ennemi déclaré des
tyrans, n'épargna pas celui-ci dans ses
vers, quelque douceur qu'il fit paraître, et
l'attaqua vivement. Pittacus, entre les mains
de qui il était tombé, loin de s'en venger,
lui rendit la liberté et montra par cette
action de clémence et de générosité qu'il
n'avait que le nom de tyran.

Après avoir gouverné dix ans avec beaucoup de d'équité et de sagesse, il abdiqua volontairement l'autorité, et se retira. Il avait coutume de dire que la preuve d'un bon gouvernement était d'engager les sujets, non à craindre le prince, mais à craindre pour lui. Il ne voulait pas qu'on se donnât jamais la liberté de médire d'un ami, ni même d'un ennemi. Il mourut dans la 52e olympiade.

Bias. — On sait peu de choses de lui. Il engagea par adresse Alyatte, roi de Lydie, à lever le siège de Priène, qui était sa patrie. Cette ville était fort pressée par la famine. Il fit engraisser deux mulets, et trouva le moyen de les faire passer dans le camp ennemi. Leur embonpoint étonna le roi, et il envoya dans la ville des députés, comme pour faire quelques propositions de paix, mais en effet pour en observer l'état. Bias avait fait couvrir de blé de grands tas de sable. Quand les députés eurent rapporté au roi l'abondance où ils avaient trouvé la ville, il n'hésita plus, et ayant conclu le traité, il leva le siège. Il recommandait surtout de rapporter aux dieux tout le bien qu'on pouvait faire.

CLÉOBULE. — Il n'est pas plus connu. Il était de Lindos, ville de l'île de Rhodes, et selon d'autres de Carie. Il invita Solon à venir se retirer avec lui, lorsque Pisistrate se fut emparé de l'autorité à Athènes.

PÉRIANDRE. — On le met parmi les sages quoiqu'il fût tyran à Corinthe. Quand il s'en fut rendu maître, il écrivit à Thrasybule, tyran de Milet, pour savoir comment il devait se conduire. Celui-ci, pour toute réponse, mena le courrier dans une pièce de blé, et en s'y promenant abattit avec sa canne tous les épis qui étaient plus élevés que les autres. Périandre comprit sans peine le sens de cette espèce d'énigme, qui l'avertissait de se défaire des citoyens les plus puissans de Corinthe pour mettre sa vie en sûreté. Mais, si l'on en croit Plutarque, il ne put goûter un avis si cruel.

Il avait voué aux dieux une statue d'or, s'il remportait la victoire aux jeux olympiques. Pour s'acquitter de son vœu, il dépouilla les dames de Corinthe de tous leurs ornemens, de tous leurs bijoux, et de tout ce qu'elles avaient de plus précieux. Voilà une belle manière d'honorer les dieux !

Il écrivit une lettre circulaire à tous les sages pour les inviter à venir passer quelque temps chez lui, comme ils avaient été l'année précédente à Sardes chez Crésus. Les princes alors se croyaient fort honorés de recevoir chez eux de tels hôtes. Plutarque décrit le repas qu'il leur donna, dont il fait remarquer que l'honnête simplicité, proportionnée au goût et au caractère des conviés, lui fit plus d'honneur que n'aurait pu faire la plus grande magnificence. Les propos de table étaient tantôt graves et sérieux, tantôt gais et enjoués.

« Quel est, proposa quelqu'un, le gouvernement populaire le plus parfait? celui, répondit Solon, où l'injure faite à un particulier intéresse tous les citoyens; Bias : où la loi tient lieu de tyran; Thalès : où les habitans ne sont ni trop riches, ni trop pauvres; Anacharsis : où la vertu est en honneur et le vice abhorré; Pittacus : où les dignités ne sont accordées qu'aux gens de bien, et jamais aux méchans; Cléobule : où les citoyens craignent plus le blâme que la loi; Chilon : où les lois sont écoutées et ont du crédit, non les orateurs. » Sur tous ces avis, Périandre conclut que le gouvernement populaire le plus parfait serait celui qui approcherait le plus de l'aristocratique, où l'autorité est entre les mains d'un petit nombre de gens de bien.

Pendant que ces sages étaient assemblés chez Périandre, il arriva un courrier de la part d'Amasis, roi d'Egypte, chargé d'une lettre pour Bias, avec qui ce prince était en grand commerce. Il le consultait sur la manière dont il devait répondre à une proposition que lui avait faite le roi d'Ethiopie, de boire toutes les eaux de la mer, moyennant quoi il lui céderait un certain nombre de ville de ses états, sinon Amasis lui en céderait autant des siens. Il était pour lors ordinaire aux princes de se proposer les uns aux autres de ces questions énigmatiques et embarrassantes. Bias lui répondit sur-le-champ d'accepter l'offre, à condition que le roi d'Ethiopie arrêterait tous les fleuves qui se jettent dans la mer; car il ne s'agissait que de boire la mer, et non les fleuves. On attribue à Esope une pareille réponse.

Je ne dois pas omettre que les sages dont

je viens de parler furent tous amateurs de la poésie, et composèrent tous des vers, quelques-uns même en assez grand nombre, sur des sujets de morale ou de politique, qui sont un objet véritablement digne de la poésie. On reproche cependant à Solon d'avoir fait des vers licencieux; ce qui nous apprend quelle idée nous devons avoir de ces prétendus sages du paganisme.

A la place de quelques-uns des sept sages que j'ai cités; on en substitue d'autres, comme Anacharsis, Myson, Epiménide, Phérécide. Le premier est le plus connu.

ANACHARSIS. — Long-temps avant Solon les Scythes nomades étaient en grande réputation pour leur simplicité, leur frugalité, leur tempérance et leur justice. Homère les appelle la nation très juste. Anacharsis était un de ces Scythes, et de la race royale. Comme quelqu'un d'Athènes lui faisait un reproche sur le pays dont il était : « Ma patrie, dit-il, me fait, selon vous, peu d'honneur; et vous, vous en faites peu à votre patrie. » Son bon sens, son profond savoir et sa grande expérience le firent passer pour un des sept sages. Il avait écrit en vers sur l'art militaire, et avait fait un traité des lois des Scythes.

Il rendit visite à Solon. C'est dans une conversation qu'il eut avec lui qu'il compara les lois à des toiles d'araignées, qui n'arrêtent que les petites mouches, et que les grandes rompent aisément.

Accoutumé à la vie dure et pauvre des Scythes, il faisait fort peu de cas des richesses. Crésus l'avait invité à le venir voir, et sans doute lui laissait entrevoir qu'il était en état de l'enrichir: « Je n'ai nul besoin « de votre or, lui répliqua-t-il. Je ne suis « venu dans la Grèce que pour m'y enrichir « du côté de l'esprit, et je serai fort con-« tent si je retourne dans ma patrie, non « plus riche, mais plus habile et plus « homme de bien. » Il se rendit pourtant à la cour de ce prince.

Nous avons déjà remarqué qu'Ésope avait été fort étonné et fort mécontent de l'air froid et indifférent avec lequel Solon avait considéré les trésors de Crésus et la magnificence de son palais, parce que c'était le maître même de la maison que ce philosophe aurait souhaité de pouvoir

admirer. « Il faut, dit Anacharsis à Esope,
« que vous ayez oublié votre fable du re-
« nard et de la panthère. Celle-ci, pour se
« faire valoir, ne pouvait que montrer sa
« peau brillante et marquetée de diffé-
« rentes couleurs : la peau du renard était
« simple, mais cachait des ruses et des fi-
« nesses d'un prix infini. Je vous reconnais
« dit le Scythe, à cette image. Vous n'êtes
« frappé que de ce qui brille au dehors, et
« vous comptez pour peu ce qui fait véri-
« tablement l'homme, c'est-à-dire ce qui
« est en lui, et par conséquent à lui. »

Ce serait ici le lieu d'exposer en abrégé
la vie et les sentimens de Pythagore, qui
a vécu dans le temps dont je viens de donner l'histoire. Mais je remets à en parler
dans un autre endroit, où je joindrai ensemble plusieurs philosophes, pour mettre
le lecteur plus en état de faire la comparaison de leur doctrine et de leurs principes.

Esope. — Je joins Esope aux sages de la
Grèce, non-seulement parce qu'il s'est souvent trouvé avec eux, comme nous l'avons
vu, mais parce qu'il enseigait la véritable
sagesse avec bien plus d'art que ceux qui
en donnent des définitions et des règles.

Ésope était Phrygien. Il avait beaucoup d'esprit, mais était tout contrefait : petit de corps, bossu, horriblement laid de visage, ayant à peine figure d'homme, et ne pouvant presque parler dans les commencemens. Il était esclave, et le marchand qui l'avait acheté eut bien de la peine à s'en défaire, tant on était choqué de sa mine et de sa taille.

Le premier maître qu'il eut l'envoya aux champs labourer la terre, soit qu'il le jugeât incapable de tout autre chose, soit pour s'ôter de devant les yeux un objet si désagréable.

Il fut vendu dans la suite à un philophe nommé Xanthus. Je ne finirais point si je voulais rapporter tous les traits d'esprit et de vivacité dont ses paroles et sa conduite étaient pleines. Un jour que son maître avait dessein de régaler quelques amis, il lui commanda d'acheter ce qu'il y aurait de meilleur. Il n'acheta que des langues, qu'il fit arranger à toutes les sauces. Entrée, premier et second service, entremets, tout ne fut que langues. Ne t'avais-je pas commandé, lui dit Xanthus tout en colère, de prendre au marché tout ce qu'il y aurait de meilleur ? Et qu'y a-t-il de meilleur que la langue ? reprit Ésope. C'est le lien de la vie civile, la clef des sciences, l'organe de la vérité et de la raison. Par elle on bâtit des villes et on les police, on instruit, on persuade, on règne dans les assemblées ; on s'acquitte du premier de tous les devoirs, qui est de louer les dieux. Eh bien! (dit Xanthus, qui prétendait l'attraper), achète-moi demain ce qu'il y a de pire : ces mêmes personnes viendront chez moi, et je veux diversifier. Le lendemain Ésope ne fit servir que les mêmes mets, disant que la langue est la pire chose qui soit au monde. C'est la mère de tous les débats, la nourrice des procès, la source des divisions et des guerres. Elle est l'organe de l'erreur, du mensonge, de la calomnie, des blasphèmes.

Ésope eut bien de la peine à obtenir sa liberté. Un des premiers usages qu'il en fit fut d'aller chez Crésus, qui, sur sa grande réputation, desirait depuis long-temps de le voir. Sa taille et sa mine rabattirent beaucoup d'abord de l'opinion qu'il en avait conçue. Mais la beauté de son esprit éclata bientôt à travers ces voiles et ces dehors grossiers qui la couvraient ; et ce prince comprit, comme le disait Esope dans une autre occasion, qu'il ne fallait pas considérer la forme du vase, mais la liqueur qui y est enfermée.

Il fit plusieurs voyages dans la Grèce, soit pour son plaisir, soit pour les affaires de Crésus. Passant par Athènes, peu de temps après que Pisistrate y eut usurpé la puissance souveraine et aboli l'état populaire, et voyant que les Athéniens portaient ce nouveau joug fort impatiemment, il leur raconta la fable des grenouilles qui demandèrent un roi à Jupiter.

On doute que les fables d'Esope, telles que nous les avons, soient toutes de lui, du moins pour l'expression. On en attribue une grande partie à Planude *, qui a écrit sa vie, et qui vivait dans le quatorzième siècle.

Esope est regardé comme l'auteur et l'inventeur de cette manière simple et naturelle d'instruire par des apologues et

* Les fables d'Esope, dit M. Letronne, quel qu'en soit l'auteur, sont beaucoup plus anciennes que Planude, puisqu'on les a trouvées dans les manuscrits d'une époque antérieure à ce moine.

des fictions ; et c'est ainsi qu'en parle Phèdre.

Æsopus auctor quam materiam reperit,
Hanc ego polivi versibus senariis.

Mais, à proprement parler, la gloire de cette invention est due au poète Hésiode : invention peu importante, ce semble, et d'un mérite fort médiocre, et qui a pourtant été très estimée et mise en usage par les plus sublimes philosophes et les plus habiles politiques. Platon nous apprend que Socrate, peu de momens avant sa mort, mit en vers quelques fables d'Ésope; et Platon lui-même recommande avec beaucoup de soin aux nourrices d'en faire apprendre de bonne heure aux enfans, pour leur former les mœurs et leur inspirer l'amour de la sagesse.

Il faut que les fables, pour être adoptées généralement par toutes les nations, comme nous voyons qu'elles l'ont été, cachent un grand fonds de vérité sous cet air simple et négligé qui fait leur caractère. En effet, le Créateur, voulant instruire l'homme par le spectacle même de la nature, a répandu dans les animaux diverses inclinations et propriétés pour être comme autant de tableaux raccourcis de différens devoirs dont il doit s'acquitter, et des bonnes ou mauvaises qualités qu'il doit rechercher ou fuir. Ainsi il a peint une image sensible de la douceur et de l'innocence dans l'agneau, de la fidélité et de l'amitié dans le chien : au contraire, de la violence, de la rapacité, de la cruauté dans le loup, dans le lion, dans le tigre, et ainsi du reste; et il a voulu faire une leçon et un reproche secret à l'homme, s'il était insensible pour lui-même à des qualités qu'il ne peut s'empêcher d'estimer ou d'abhorrer dans les animaux mêmes.

C'est un langage muet que toutes les nations entendent; c'est un sentiment gravé dans la nature, que chacun porte en soi-même. Esope est le premier, entre les écrivains profanes, qui l'a saisi, qui l'a développé, qui en a fait d'heureuses applications, et qui a rendu les hommes attentifs à cette sorte d'instruction naïve, qui est à la portée de toutes les conditions et de tous les âges. Il est le premier qui, pour donner du corps aux vertus, aux vices, aux devoirs, aux maximes de la société, a imaginé, par un ingénieux artilice et par un innocent mensonge, de les revêtir d'images gracieuses empruntées de la nature, en donnant de la voix aux bêtes, et du sentiment aux plantes, aux arbres, et à toutes les choses inanimées.

Les fables d'Esope sont dénuées de tout ornement et de toute parure, mais pleines de sens, et à la portée des plus petits enfans, pour qui elles étaient composées. Celles de Phèdre sont un peu plus relevées et plus étendues, mais cependant d'une simplicité et d'une élégance qui ressemble beaucoup à l'atticisme dans le genre simple, c'est-à-dire à ce qu'il y avait de plus fin et de plus délicat chez les Grecs. M. de la Fontaine, qui a bien senti que notre langue n'était point susceptible de cette simplicité ni de cette élégance, a égayé ses fables par un tour naïf et original qui lui est particulier, et dont personne n'a pu approcher.

Il est malaisé de comprendre pourquoi Sénèque pose en fait que, de son temps, les Romains n'avaient point encore essayé leur plume sur cette sorte de composition. Les fables de Phèdre lui étaient-elles inconnues ?

Plutarque nous apprend la manière dont Ésope mourut. Il était allé à Delphes, chargé d'or et d'argent, avec ordre d'offrir, au nom de Crésus, un grand sacrifice à Apollon, et de donner à chaque habitant une somme considérable *. Une querelle qui s'éleva entre lui et ceux de Delphes fut cause qu'après avoir fait le sacrifice il renvoya à Crésus l'argent qu'il avait reçu de lui, prétendant que ceux à qui ce prince l'avait destiné s'en étaient rendus indignes. Les habitans de Delphes le firent condamner comme coupable de sacrilège, et le précipitèrent du haut d'un rocher. Le dieu, irrité de cette action, les châtia par la peste et par la famine : de sorte que, pour faire cesser ces maux, ils firent signifier dans toutes les assemblées de la Grèce que, si quelqu'un venait exiger, pour l'honneur d'Esope, la vengeance de sa mort, ils lui donneraient satisfaction. A la troisième génération il se présenta un homme de Samos, qui n'avait d'autre relation à Esope, sinon qu'il était issu des personnes qui avaient acheté ce

* Quatre mines, qui faisaient deux cent quarante livres.

fabuliste. Les Delphiens donnèrent con-
tentement à cet homme, et se délivrèrent
ainsi des maladies et de la disette qui les
tourmentaient.

Les Athéniens, justes estimateurs de la
vraie gloire, érigèrent à ce savant et spiri-
tuel esclave une statue magnifique, pour
faire savoir, dit Phèdre, que la carrière
de l'honneur était ouverte indifféremment
à tous les hommes, et que c'était, non à
la naissance, mais au mérite, qu'on rendait ce glorieux hommage.

> Æsopo ingentem statuam posuére Attici,
> Servumque collocârunt æterna in basi ;
> Patere honoris scirent ut cuncti viam,
> Nec generi tribui, sed virtuti gloriam.

HISTOIRE
DES PERSES ET DES GRECS.

AVANT-PROPOS.

Avant que de commencer l'histoire des
Perses et des Grecs, je placerai ici pre-

nièrement quelques observations préliminaires qui y préparent; ensuite le plan et la division des quatre livres suivans VI, VII, VIII, et IX; enfin une espèce d'abrégé de l'histoire des Lacédémoniens depuis l'établissement de leurs rois jusqu'au règne de Darius, où commence le VIe livre.

ARTICLE PREMIER.

Idée abrégée de l'histoire renfermée dans les livres qui suivent. Fruit que l'on en doit tirer.

L'histoire que je donne ici au public présentera aux yeux du lecteur un spectacle tout nouveau et qui ne sera pas indigne de sa curiosité. Dans un volume précédent, on a vu sous Cyrus deux états assez médiocres, la Médie et la Perse, se répandre au loin comme un incendie ou comme un torrent, et, par une rapidité de conquêtes étonnantes, subjuguer un nombre considérable de provinces et de royaumes. Ici l'on verra ce vaste empire mettre en mouvement tous les peuples soumis à sa domination, Perses, Mèdes, Phéniciens, Egyptiens, Babyloniens, Indiens et beaucoup d'autres, et venir fondre avec toutes les forces de l'Asie et de l'Orient sur un petit pays renfermé dans des bornes fort étroites et dénué de tout secours ; je veux dire la Grèce. Quand on envisage d'un côté tant de nations réunies ensemble, des préparatifs de guerre faits pendant plusieurs années et avec une si grande vivacité, des armées de terre et de mer innombrables, des flottes auxquelles la mer peut à peine suffire ; de l'autre, deux faibles villes, Athènes et Lacédémone, abandonnées de tous leurs alliés et réduites presque à elles seules ; on aurait lieu de croire que ces deux petites villes vont être détruites et absorbées par une puissance si formidable, et qu'il n'en restera pas même les vestiges. Cependant ce seront elles qui demeureront victorieuses, et qui, par leur courage invincible, et par plusieurs combats qu'elles gagneront sur terre et sur mer, feront perdre pour toujours à l'empire Persan le dessein de revenir attaquer la Grèce.

Le récit de la guerre entre les Perses et les Grecs rendra sensible la vérité de cette maxime, que ce n'est point le nombre, mais la valeur des troupes et la conduite des chefs qui décident dans les batailles.

On admirera la fermeté d'ame et de courage des grands hommes qui étaient à la tête des affaires de la Grèce, que l'ébranlement de l'univers ne fut pas capable d'abattre; que les plus grands malheurs ne purent déconcerter ; qui entreprirent de tenir tête avec une poignée d'hommes aux armées innombrables des Perses ; qui osèrent, malgré une si prodigieuse inégagalité, espérer un heureux succès ; qui forcèrent la victoire à se ranger du coté du mérite et de la vertu; et qui apprirent à tous les siècles quelles ressources on trouve dans la prudence, dans la valeur, dans l'expérience, dans le zèle pour la patrie et pour la liberté, dans l'amour du devoir, et dans tous les sentimens d'une ame noble et généreuse.

A cette guerre des Perses contre les Grecs en succédera une autre entre les Grecs mêmes, mais d'un caractère tout différent. Il n'y aura guère ici que des actions peu importantes en apparence, et peu capables, ce semble, de satisfaire un lecteur avide de grands évènemens : des disputes particulières entre quelques villes ou quelques petites républiques; des sièges

dé placés pour l'ordinaire peu considérables (j'en excepte le siège de Syracuse,
l'un des plus importans de l'antiquité)
mais qui ne laisseront pas de traîner souvent en longueur; des combats entre des
armées peu nombreuses, et où quelquefois
il y a peu de sang de répandu. Qui a donc
pu rendre ces guerres si célèbres ? Salluste
nous l'apprend : « Les exploits des Athé-
« niens, dit-il, peuvent être considérés en
« eux-mêmes comme grands et magni-
« fiques; on peut dire pourtant qu'ils sont
« en quelque sorte au-dessous de leur répu-
« tation. Mais parce qu'il y a eu dans la
« Grèce une foule de beaux esprits et d'ex-
« cellens écrivains, ces exploits sont van-
« tés dans tout l'univers comme grands et
« merveilleux. Ainsi les actions des Athé-
« niens paraissent grandes à proportion de
« l'esprit et de l'habileté des écrivains qui
« les ont célébrées. »

Salluste, assez jaloux d'ailleurs de la
gloire qu'avaient acquise aux Romains les
actions éclatantes dont leur histoire est
pleine, rend ici justice à celles des Grecs,
en reconnaissant qu'elles ont une vraie
grandeur et une vraie magnificence, quoi-

que inférieures, selon lui à leur réputation. Qu'est ce donc que cet éclat étranger et emprunté que les historiens y ont ajouté par leur éloquence? C'est que par toute la terre on vante de concert les actions des Athéniens comme tout ce qui s'est fait de plus grand. Toutes les nations, séduites et comme enchantées par les charmes des écrivains grecs, mettent les exploits de ce peuple au-dessus de tout ce qui s'est fait ailleurs de plus beau. Voilà, selon Salluste, le service qu'a rendu aux actions des Athéniens l'histoire écrite comme elle l'est par les Grecs; et il est bien fâcheux que la nôtre, faute d'un pareil secours, ait laissé périr une infinité de belles actions et de belles paroles, auxquelles l'antiquité eût bien su donner du relief, et qui feraient beaucoup d'honneur à la nation.

Mais, quoi qu'il en soit, on doit convenir qu'il ne faut pas toujours juger du prix d'une action, ni du mérite de ceux qui y ont eu part, par l'importance de l'évènement. C'est dans les sièges et dans les combats, tels que ceux dont il est parlé dans la guerre du Péloponèse, que paraît véritablement toute l'habileté d'un général. Aussi remarque-t-on que ce n'est qu'à la tête de petites armées, et dans des pays assez peu étendus, que nos plus grands capitaines du siècle passé ont fait paraître leur grande capacité, et ont égalé les plus fameux capitaines de l'antiquité. Dans ces sortes d'actions, le hasard n'a part à rien, et ne couvre point les fautes, si l'on en fait. La prudence du chef règle et conduit tout. Il est véritablement l'ame de ses troupes, qui n'agissent et ne se remuent qu'au signal qu'il en donne. Il voit tout, et est partout. Rien n'échappe à son attention ni à sa vigilance. Les ordres sont donnés à propos, et exécutés de même. Ruses, stratagèmes, fausses marches, attaques vraies ou simulées, campemens, décampemens, tout, en un mot, part et dépend de lui seul.

Et c'est en quoi la lecture des historiens grecs, tels que Thucydide, Xénophon, Polybe, peut être infiniment utile aux jeunes officiers; parce que ces historiens, qui étaient en même temps excellens capitaines, entrent dans un grand détail, et conduisent les lecteurs comme par la main dans les sièges et dans les combats qu'ils décrivent, leur apprenant ainsi, par l'exemple des plus grands généraux de l'antiquité, et par une sorte d'expérience anticipée, comment il faut faire la guerre.

Ce n'est pas seulement pour les actions guerrières que l'histoire de la Grèce nous fournira de grands modèles. Nous y verrons de fameux législateurs, de très habiles politiques, des magistrats nés pour le gouvernement, des hommes qui ont excellé dans tous les arts et dans toutes les sciences, des philosophes qui ont poussé leurs recherches aussi loin qu'on le pouvait dans ces temps reculés, et qui nous ont laissé des maximes de morale capables de faire rougir des chrétiens.

Il est vrai que ces mêmes philosophes, si éclairés sur de certains points, ont été entièrement aveugles sur d'autres, jusqu'à ignorer et à combattre les principes les plus clairs de la loi naturelle; et que souvent leur conduite a démenti leur doctrine, s'étant prostitués aux déréglemens les plus grossiers. La divine Providence l'a permis ainsi, et les a livrés à un sens réprouvé, pour punir leur orgueil et pour nous instruire par leur exemple, en nous monfrant de quoi sont capables les hommes, même les plus habiles et les plus éclairés, quand ils sont abandonnés à leur propre faiblesse et à leur corruption naturelle, et de quels abîmes la grace du divin médiateur nous a tirés. Mais les dérèglemens où ils sont tombés, et du côté de l'esprit et du côté du cœur, quoique nous devions les détester, n'empêchent pas qu'il n'y ait dans leurs livres d'excellentes maximes, que nous devons, selon la pensée de saint Augustin, revendiquer comme un bien qui nous appartient; de même que les Israélites, en sortant de l'Egypte, s'enrichirent de ses dépouilles; et c'est ainsi qu'en ont usé tous les saints : *Ipsi gentiles si quid divinum et rectum in doctrinis suis habere potuerunt, non improbaverunt sancti nostri.*

J'en dis autant des actions vertueuses qui se rencontrent chez les païens, telles que l'histoire des Grecs nous en fournira un grand nombre. Saint Augustin nous avertit que, selon la règle de la justice, *secundum justitiæ regulam,* non-seulement nous ne pouvons point blâmer et condamner ces actions, mais que nous avons raison de les louer et de les relever. Ce n'est pas que ces actions soient bonnes et louables en tout; saint Augustin était bien éloigné de le penser. Il les trouvait telles en elles-mêmes, et du côté du devoir : mais du côté de la fin , il les trouvait très condamnables , parce qu'elles n'étaient point rapportées à Dieu. Ce n'est pas au vrai Dieu, qui leur était inconnu , qu'ils demandaient la sagesse des bons conseils , le succès des entreprises, les talens, la vertu. Ce n'est pas au vrai Dieu qu'ils en rendaient graces, et qu'ils en rapportaient la gloire par une humble reconnaissance. Ils ne le regardaient ni comme la source et le principe, ni comme le terme de tout ce qu'ils faisaient de bien. Leurs meilleures actions étaient corrompues par l'amour-propre, ou par l'ingratitude. Elles n'ont pu leur être utiles pour le salut, qui ne s'obtient point sans la foi en Jésus-Christ.

Mais cela n'empêche pas, selon le même saint Augustin, qu'il ne soit très utile pour l'instruction des chrétiens, et pour la règle des mœurs, de rapporter et de mettre dans tout leur jour les actions des païens, pourvu qu'on ne les fasse valoir que leur juste prix : car je puis bien ici appliquer aux Grecs ce que ce père dit des Romains. Il emploie un chapitre entier, qui est assez long, à en indiquer les actions et les vertus les plus éclatantes : amour du bien public, dévouement pour la patrie, constance à souffrir les tourmens les plus cruels et la mort même, désintéressement noble et généreux, estime et pratique de la pauvreté, profond respect pour les dieux et pour la religion. Il fait sur ce sujet quelques réflexions qui méritent bien de trouver ici leur place.

Premièrement, il reconnaît que c'est pour récompenser toutes ces vertus des Romains, qui n'en avaient pourtant que le nom et l'apparence, que Dieu leur a accordé l'empire de l'univers, récompense proportionnée à leurs mérites, et dont ils ont été assez aveugles pour se contenter. C'est par la même raison qu'il a voulu que leur nom fût si glorieux et si honoré chez toutes les nations et dans tous les siècles afin que tant de belles actions ne demeurassent pas absolument sans récompense.

En second lieu, il remarque que ces vertus, toutes fausses qu'elles sont, ne laissent pas de devenir fort utiles au genre humain, et qu'elles entrent dans les vues secrètes que Dieu a sur les peuples, soit pour les récompenser, soit pour les punir. En effet l'amour de la gloire, qui est un vice, en étouffe d'autres beaucoup plus nuisibles et plus funestes, comme sont l'injustice, la violence, la cruauté. Et qui doute qu'un magistrat, qu'un gouverneur de province, qu'un roi, qui ne sera doux, patient, juste, chaste, bienfaisant, que par des vues humaines de gloire ou d'intérêt, ne soit infiniment plus utile à la république que s'il n'avait pas cette ombre et ces dehors de vertu ; et que des hommes de ce caractère ne soient un présent du ciel bien précieux ? On en peut juger par la comparaison de magistrats et de princes d'un caractère opposé, qui, renonçant à tout honneur et à toute probité, comptant pour rien la réputation, foulant aux pieds les lois les plus saintes, n'en reconnaissent d'autres que leurs passions et leur brutalité ; tels enfin que Dieu en donne dans sa colère aux peuples qu'il veut punir, et qu'il juge dignes de tels maîtres.

La troisième et la dernière réflexion, et la plus propre à mon sujet et au but que je me propose en écrivant l'Histoire ancienne, regarde l'usage qu'il faut faire des louanges qu'on donne aux païens. Elle montre le fruit qu'un sage lecteur doit tirer du récit des belles et vertueuses actions des Grecs, dont ce volume et les suivans seront remplis. Quand on les verra sacrifier leurs biens au soulagement de leurs concitoyens, leur vie au salut de l'état, leur gloire même à l'utilité publique; quand on leur verra pratiquer les vertus les plus difficiles, et cela par des purs motifs humains, pour acquérir une réputation passagère, quels reproches ne doit-on pas se faire, et combien ne doit-on pas rougir, si dans une religion qui nous promet des récompenses éternelles, et qui nous présente de si puissans motifs d'amour et de reconnaissance, nous n'avons pas le courage de pratiquer les mêmes vertus ! Que si nous avons le bonheur d'être fidèles à nos engagemens, pouvons-nous en tirer vanité, en comparant le peu que nous faisons avec ce que la gloire seule faisait entreprendre à des hommes qui ne connaissaient point Dieu, et qui bornaient tous leurs desirs aux biens de la vie présente?

Voilà donc, selon saint Augustin, la principale utilité que l'on doit tirer de l'étude et de la lecture de l'histoire profane; et Dieu n'a rendu les Grecs et les Romains si illustres et si puissans, que pour donner plus de poids aux exemples de vertus que leur histoire nous fournit; afin que, les étudiant avec une attention sérieuse, nous comprenions, par l'amour qu'il ont eu pour une patrie terrestre et pour une gloire de peu de dûrée, quel zèle nous devons avoir pour la patrie céleste, où une félicité éternelle nous attend.

Si les vertus de ceux dont il est parlé dans l'histoire peuvent nous servir de modèles dans la conduite de la vie, leurs défauts et leurs vices ne sont pas moins propres à nous instruire, et le respect qu'un historien doit à la vérité ne lui permet pas de les dissimuler, dans la crainte d'obscurcir leur réputation. Ce que je dis ici n'est point contraire à une règle que Plutarque établit sur ce sujet, dans la préface qui est à la tête de la vie de Cimon. Il exige qu'on fasse valoir et qu'on mette dans tout leur jour les belles actions des grands hommes; mais pour les fautes qui leur échappent quelquefois dans le trouble de la passion, ou que la nécessité des affaires leur arrache, les regardant plutôt comme quelque degré de perfection qui manque à leur vertu que comme des vices et des crimes qui partent d'un mauvais fond, il veut que, par compassion pour la faiblesse de la nature humaine, qui ne produit rien d'absolument parfait, on se contente de les montrer légèrement; de même qu'un peintre habile, s'il a un beau visage à peindre, et qu'il s'y rencontre quelque tache, quelque petit défaut, ne les supprime pas entièrement, mais aussi ne se croit pas obligé de les rendre avec une exactitude rigoureuse, parce que l'un gâterait la beauté du portrait, et que l'autre détruirait la vérité de la ressemblance. La comparaison même qu'il emploie fait voir qu'il ne parle que de défauts légers et pardonnables. Mais pour les actions d'injustice, de violence, de brutalité, nul prétexte ne doit les faire dissimuler; et je ne crois pas qu'on ne voulût accorder à l'histoire le même privilège qu'à la peinture, qui a inventé l'art du profil, pour représenter de côté un prince qui avait perdu un œil, et pour courir par cet innocent et ingénieux artifice une difformité si frappante. L'histoire, dont la loi la plus essentielle est la sincérité, ne souffre point ces sortes de ménagemens, qui lui feraient perdre un grand avantage.

Le blâme, la honte, l'infamie, la haine et souvent l'exécration publique toujours attachés aux actions criminelles et brutales, ne sont pas moins propres à inspirer de l'horreur pour le vice que la gloire, qui suit toujours les belles actions, est propre à faire aimer la vertu. Et c'est là, selon Tacite, le double but que tout historien doit se proposer en faisant un choix de ce qu'il y a de plus frappant en bien et en mal, pour rendre au solide mérite, par un hommage public de louanges, la justice qui lui est due, et pour faire abhorrer les vices par la crainte d'une infamie éternelle.

L'histoire que je traite ne fournira que trop de ces derniers exemples. Du côté des Perses, on verra, par ce qui est dit de leurs rois, que les princes qui peuvent tout sont souvent livrés à toutes leurs passions; que rien n'est plus difficile que de résister à l'illusion de sa propre grandeur et aux flatteries de tous ceux dont on est environné ; que la liberté de contenter tous ses desirs et de faire le mal impunément est une dangereuse tentation, que les meilleurs naturels ont bien de la peine à s'en défendre ; qu'après avoir eu d'assez heureux commencemens, ils se laissent gâter insensiblement par la molesse, par l'orgueil, par la haine des conseils sincères ; et qu'il est rare qu'ils comprennent que c'est quand on se voit au-dessus de tout, qu'on a un plus grand besoin de modération et de sagesse, et pour soi et pour les autres ; et qu'il faut être alors doublement sage et doublement fort pour borner au-dedans, par sa raison, une puissance que rien ne borne au-dehors.

Du côté des Grecs, la guerre du Péloponnèse fera connaître les tristes effets de leurs divisions intestines, et les excès funestes où la jalousie de la domination les porta ; l'injustice, l'ingratitude, la perfidie, le violement ouvert des traités, ou de petites finesses et d'indignes ruses pour en éluder l'exécution. Elle montrera comment les Lacédémoniens et les Athéniens s'avilissent honteusement devant des barbares pour en mendier quelques secours d'argent; comment les libérateurs de la Grèce renoncent à la gloire de tous leurs travaux passés et de tous leurs exploits, pour aller faire leur cour à des satrapes fiers et dédaigneux, et pour aller implorer successivement et à l'envi la protection de leur ennemi commun, tant de fois vaincu, comment ils se servent des secours qu'ils en tirent pour opprimer leurs anciens alliés, et pour étendre leur propre domaine par des voies injustes et violentes.

De part et d'autres, et quelquefois dans un même homme, on verra un mélange étonnant de bien et de mal, de vertus et de vices, de nobles actions et de bas sentimens; et l'on se demandera peut-être souvent à soi-même si ce sont donc les mêmes personnes et les mêmes peuples dont on rapporte des choses si différentes, et s'il est possible que d'un même fond sortent tantôt une lumière si brillante, tantôt une fumée et une noirceur si ténébreuses. Je rapporte les choses comme je les trouve dans les auteurs; et les portraits que je présente au lecteur sont toujours peints d'après ce que l'Histoire ancienne nous apprend de ceux dont je parle, et je pourrais dire aussi d'après la nature du cœur humain. Mais il me semble que ce mélange même de bien et de mal, quoique bizarre en soi, peut devenir pour nous d'une grande utilité, et nous servir de préservatif contre un danger assez ordinaire et assez naturel.

Car si nous trouvions, soit chez les peuples, soit dans les particuliers, une probité et une noblesse de sentimens qui se soutinssent toujours également, et qui parussent sans tache et sans faiblesse, nous serions tentés de croire que le paganisme est capable de produire de véritables et de parfaites vertus, quoique la religion nous enseigne que celles que nous y admirons le plus n'en ont que l'ombre et le nom. Mais la vue des défauts, des imperfections, des vices, des crimes, même quelquefois les plus noirs, qui se trouvent mêlés et qui succèdent assez souvent de fort près aux actions les plus vertueuses, nous apprend à modérer notre estime et notre admiration, et en même temps que nous louons ce qui nous paraît d'honnête, de beau, de grand chez les païens, à ne pas prodiguer au fantôme de la vertu un hommage entier et sans réserve, qui n'est dû qu'à la vertu même.

Voilà les bornes que je desire qu'on mette aux louanges que je donne aux grands hommes de l'antiquité et à leurs belles actions; et si, contre mon intention, il m'échappe quelques termes qui ne paraissent pas assez mesurés, je prie le lecteur de les interpréter favorablement, et de les réduire à leur juste valeur.

ARTICLE II.

Plan et division des livres VI, VII, VIII et IX.

Les quatre livres qui suivent, contiennent l'histoire des Perses et des Grecs pendant l'espace de cent trente-sept ans, depuis l'an du monde 3483, jusqu'à l'an 3620; sous les règnes de sept rois de Perse, savoir : Darius, premier roi de ce nom, fils d'Hystaspe; Xercès I; Artaxerxe, surnommé *Longue-Main*; Xercès II; Sogdien (ces deux derniers régnèrent très-peu de temps); Darius II, appelé ordinairement Darius *Nothus*, et Ataxerxe *Mnémon*, jusqu'à la vingtième année de ce dernier.

On trouvera, à la tête de chaque livre, l'abrégé de ce qu'il renferme.

Pour mettre le lecteur en état de se rappeler plus facilement dans l'esprit ce qui se passait, dans l'espace de temps dont je parle ici, chez les Juifs et même chez les Romains, dont l'histoire alors est entièrement étrangère à celle des Perses et des Grecs, j'en marquerai ici en peu de mots les principales époques.

Epoque de l'Histoire des Juifs.

Les Juifs étaient pour lors retournés de Babylone à Jérusalem, sous la conduite de Zorobabel. Ussérius croit que c'est sous le règne de Darius qu'il faut placer l'histoire d'Esther. Le peuple de Dieu, à l'ombre de la protection de ce prince, animé par les vives exhortations des prophètes Aggée et Zacharie, acheva enfin le bâtiment du temple, que les cabales de ses ennemis l'avaient obligé d'interrompre pendant plusieurs années. Artaxerxe Longue-main ne fut pas moins favorable aux Juifs. Il envoya d'abord Esdras à Jérusalem, qui y rétablit le culte public et l'observation de la loi; puis Néhémie, qui environna cette ville de murs et la mit en sûreté contre les attaques des voisins, jaloux de sa grandeur renaissante. On croit que Malachie, le dernier des prophètes, était contemporain de Néhémie, ou qu'il a prophétisé peu de temps après.

Cet intervalle de l'histoire sainte s'étend depuis le règne de Darius I jusqu'au commencement du règne de Darius Nothus, c'est-à-dire depuis l'an du monde 3485 jusqu'à l'an 3581. Pendant l'intervalle qui suit, l'Ecriture sainte garde un profond silence jusqu'à l'histoire des Machabées.

Epoque de l'Histoire romaine.

La première année de Darius I était la deux cent trente-troisième de l'établissement de Rome. Tarquin-le-Superbe y régnait alors. Environ dix ans après, il en fut chassé. Au gouvernement des rois on substitua celui des consuls. Dans l'espace qui suit, arrivent la guerre contre Porsenna; l'établissement des tribuns du peuple; la retraite de Coriolan chez les Volsques, et la guerre qui en fut la suite; les guerres des Romains contre les Latins, les Véiens, les Volsques, et autres peuples voisins; la mort de Virginie sous les décemvirs; les disputes entre le peuple et le sénat au sujet des mariages et du consulat, ce qui donna lieu à la création des tribuns militaires à la place des consuls.

Rome ensuite continue d'être agitée par différentes disputes entre le sénat et le peuple. Puis arrivent le siège de Veïes, la prise de Rome par les Gaulois, et les victoires de M. Furius Camillus.

Tout cet espace s'étend environ depuis la deux cent trente-troisième année de l'établissement de Rome jusqu'à trois cent quatre-vingt, c'est-à-dire depuis l'an du monde 3489 jusqu'à l'an 3636.

ARTICLE III.

Abrégé de l'Histoire des Lacédémoniens, depuis l'établissement de leurs rois jusqu'au règne de Darius I.

(Av. J. C. 1104.) J'ai déjà remarqué ailleurs que, quatre-vingts ans après la prise de Troie, les Héraclides, c'est-à-dire les descendans d'Hercule, rentrèrent dans le Péloponnèse, et se saisirent de Lacédémone, où deux frères, Eurystène et Proclès, fils d'Aristodème, régnèrent ensemble. Hérodote remarque que ces deux frères, pendant leur vie, furent toujours en discorde, et que presque tous leurs descendans héritèrent d'eux cette disposition d'antipathie et de haine : tant il est vrai que le pouvoir souverain ne peut souffrir de partage, et que ce sera toujours trop que deux rois pour un royaume. Depuis eux, le sceptre demeura toujours conjointement dans ces deux familles. Il est très-remarquable que ces deux branches ont subsisté près de neuf cents ans, depuis le retour des Héraclides dans le Péloponnèse jusqu'à la mort de Cléomène, et qu'elles ont fourni sans interruption des rois à Sparte, presque toujours de père en fils, surtout pour la première branche.

§ I. Quand les Lacédémoniens commencèrent à s'établir dans le Péloponnèse, ils trouvèrent beaucoup d'opposition de la part des habitans du pays, qu'il fallut dompter par les armes les uns après les autres, ou les recevoir dans leur alliance à des conditions douces et équitables, en leur imposant un léger tribut. Strabon parle d'une ville nommée *Elos*, située assez près de Sparte, qui, après avoir subi le joug comme les autres, se révolta ouvertement, et refusa de payer le tribut. Agis, fils d'Eurysthène, nouvellement établi sur le trône, sentit toutes les conséquences de cette première révolte, et se mit aussitôt en campagne avec Soüs son collègue. La ville fut assiégée, et après une assez longue résistance, forcée de se rendre à discrétion. Il crut devoir faire un exemple qui intimidât tous les voisins par la sévérité du châtiment, mais qui cependant n'aliénât pas les esprits par une cruauté inhumaine. Il ne versa point de sang. Il laissa la vie à tous les habitans de la ville, mais il leur ôta la liberté, et les réduisit tous à la dure condition d'esclaves. Ils furent employés aux ministères les plus vils et les plus pénibles, et traités avec une extrême rigueur. C'est ce que l'on appelait *Ilotes*. Le nombre s'en accrut extraordinairement dans la suite, les Lacédémoniens sans doute donnant ce nom à tous ceux qu'ils réduisaient en servitude. Comme ils étaient accoutumés à un grand loisir, et ne respiraient que la guerre, ils confièrent la culture de leurs champs à ces esclaves, leur assignant à chacun une certaine portion de terres dont ils devaient rendre le fruit tous les ans à leurs maîtres, qui s'attachaient à appesantir leur joug par toutes sortes de mauvais traitemens. C'était une mauvaise politique, qui ne servait qu'à nourrir dans le cœur de l'état un grand nombre d'ennemis dangereux, toujours prêts à prendre les armes et à se révolter. Les Romains en usèrent avec bien plus de sagesse, en incorporant à l'état les peuples qu'ils subjuguaient, en les associant au droit de bourgeoisie, et par là, d'ennemis qu'ils avaient été, les rendant leurs concitoyens et leurs frères.

§ II. Eurytion, d'autres le nomment *Eurypon*, succéda à *Soüs*. Pour gagner l'amitié du peuple, et faire mieux goûter son gouvernement, il jugea à propos de relâcher quelque chose de la puissance absolue des rois : ce qui le fit tellement aimer du peuple, qu'on donna son nom à tous ses descendans, qui furent appelés *Eurytionides*. Ce relâchement produisit dans Sparte une horrible confusion et une licence effrénée, qui y causèrent des maux infinis pendant un assez long temps. Le peuple devint si insolent, que rien ne pouvait l'arrêter. Si les rois qui succédèrent à Eurytion voulaient employer la force pour recouvrer leur autorité, ils se faisaient haïr ; et si, par complaisance ou par faiblesse, ils prenaient le parti de dissimuler ; leur bonté ne servait qu'à leur attirer le mépris de la part de ces rebelles : de manière que tout était en désordre, et qu'on n'écoutait plus les lois. Ces troubles avancèrent la mort du père de Lycurgue. Il se nommait *Eunomus*, et fut tué dans une émeute populaire. Polydecte, son fils aîné, qui lui succéda, étant mort bientôt après sans enfans, tout le monde crut que Lycurgue allait être roi. Il le fut en effet pendant que la grossesse de sa belle-sœur fut inconnue : mais sitôt qu'elle parut, il déclara que la royauté appartenait à l'enfant qui en naîtrait, si c'était un fils ; et dès ce moment il administra le royaume comme son tuteur, sous le titre de *prodicos*, que les Lacédémoniens donnaient aux tuteurs des rois. (Av. J.-C. 884.) Quand l'enfant fut venu au monde, Lycurgue le prenant entre ses bras, et adressant la parole à ceux qui étaient présens : Voici, dit-il, le roi qui nous vient de naître, seigneurs Spartiates ; et en même temps il le mit dans la place du roi, et le nomma *Charilaüs*, à cause de la joie que tout le peuple témoigna de sa naissance. On peut voir à la fin du volume précédent tout ce qui regarde l'histoire de Lycurgue, la réforme qu'il fit dans Sparte, et les lois qu'il y établit. Agésilas régnait pour lors dans la branche aînée.

§ III. Quelque temps après, sous le règne de Théopompe, il s'éleva une guerre entre les Argiens et les Lacédémoniens au sujet d'un petit pays appelé Thyréa, qui confinait aux deux peuples, et qu'ils prétendaient chacun leur appartenir. Les deux armées étant près d'en venir aux mains on convint, pour épargner le sang, de vider la querelle par trois cents des plus braves qu'on choisirait de chaque côté, à condition que la terre en litige demeurerait au parti vainqueur. Pour laisser aux combattans plus de liberté, les troupes se retirèrent. Alors ces généreux champions, qui avaient tout le courage de deux grandes armées, s'avancèrent fièrement les uns contre les autres, et combattirent avec tant d'acharnement, qu'ils restèrent tous sur la place, excepté trois, deux du côté des Argiens, et l'autre de celui des Lacédémoniens : encore fût-ce la nuit qui les sépara. Les deux Argiens, se comptant pour vainqueurs, coururent en porter la nouvelle à Argos ; le Lacédémonien (il s'appelait Othryarde), ayant dépouillé les corps morts des Argiens, et porté leurs armes dans le camp des siens, demeura dans son poste. Le lendemain, les troupes revinrent de part et d'autre. Chacun prétendait avoir la victoire de son côté : les Argiens, parce qu'il était resté plus de soldats de leur part que de l'autre ; les Lacédémoniens, parce que le peu d'Argiens qui étaient restés avaient pris la fuite, au lieu que leur unique soldat était demeuré maître du champ de bataille, et avait dépouillé les corps morts des ennemis. Il fallut en venir aux mains pour décider la question. Le sort se déclara pour les Lacédémoniens, et le champ Tyréate leur demeura. Othryade, ne pouvant se résoudre à survivre à ses braves compagnons, ni soutenir après leur mort la vue de Sparte, se tua lui-même sur le champ de bataille, et voulut avoir avec eux un sort et un tombeau communs.

§ IV. On compte jusqu'à trois guerres entre les Messéniens et les Lacédémoniens, toutes très vives et très sanglantes. La Messénie était une région du Péloponnèse.

au couchant et assez près de Sparte, qui était puissante et qui avait ses rois particuliers.

Première Guerre de Messénie.

(Av. J.-C. 743.) La première guerre de Messénie dura vingt ans entiers et commença la seconde année de la 9e olympiade. Les Lacédémoniens prétendaient avoir plusieurs griefs considérables contre les Messéniens, entre autres, l'injure faite à leurs filles, qui furent deshonnorées par les habitans de la Messénie lorsqu'elles allaient, selon la coutume, à un temple limitrophe des deux peuples, le meurtre de Télècle leur roi, qui en fut la suite. Peut-être l'envie d'étendre leur domination et de s'emparer d'un terrain qui était si fort à leur bienséance fut-elle la véritable cause de cette guerre. Quoi qu'il en soit, elle éclata sous le règne de Polydore et de Théopompe, rois de Sparte, dans le temps qu'à Athènes les archontes étaient encore dix ans en charge.

Euphaès, treizième descendant d'Hercule, était pour lors loi de Messénie. Il confia le commandement de son armée à Cléonis. Les Lacédémoniens commencèrent la campagne par le siège d'Amphée, petite ville et peu considérable, mais qui leur parut fort propre à en faire leur place d'armes. Elle fut emportée d'emblée et tous les habitans furent passés au fil de l'épée. Ce premier échec ne servit qu'à animer les Messéniens, en leur faisant voir ce qu'ils avaient à craindre s'ils ne se défendaient courageusement. Les Lacédémoniens, de leur côté, s'engagèrent par serment à ne point mettre bas les armes, et à ne point retourner à Sparte qu'ils ne se fussent rendus maîtres de toutes les villes et de toutes les terres des Messéniens, tant ils comptaient sur leurs forces et sur leur courage.

Il se donna deux combats, où la perte fut à peu près égale de part et d'autre. Après le second, les Messéniens furent affligés de maux extrêmes par la disette de vivres, qui donna lieu à une grande désertion dans leurs troupes, et ensuite y causa la peste.

Ils consultèrent l'oracle de Delphes, qui leur ordonna, pour apaiser la colère des dieux, de leur immoler une vierge du sang royale. Aristomène, qui était de la race des Épysides, offrit sa fille. Alors les Messéniens, voyant bien que, s'ils laissaient des garnisons dans toutes leurs places, ils affaibliraient extrêmement leurs forces, abandonnèrent toutes les autres villes, et allèrent se camper près d'Ithome, petite ville située sur le haut d'une montagne de même nom, et s'y fortifièrent. Il se passa sept années entières où il n'y eut que de légères escarmouches de part et d'autre, sans que les Lacédémoniens osassent présenter bataille à l'ennemi.

Ils désespéraient presque de pouvoir le vaincre, et il n'y avait que la religion du serment qui les contraignît à continuer une guerre qui leur était devenue si onéreuse. Ce qui les inquiétait le plus était la crainte que leur absence, qui les tenait éloignés de leurs femmes depuis plusieurs années, et qui pouvait encore durer long-temps, ne fît périr leurs familles et ne laissât Sparte destituée de citoyens. Pour obvier à ce malheur, ils y envoyèrent ceux des soldats qui étaient venus à l'armée depuis qu'on avait prêté le serment rapporté ci-dessus ; et ne firent point de difficulté de leur prostituer leurs femmes. Ceux qui naquirent de ces conjonctions illégitimes furent appelés Parthéniens, nom qui désignait la honte de leur naissance. Quand ils furent dans un âge plus avancé, ne pouvant souffrir cet opprobre, ils se bannirent eux-mêmes de Sparte et, sous la conduite de Phalante, ils allèrent s'établir en Italie, à Tarente, après en avoir chassé les anciens habitans.

Enfin, la huitième année de la guerre, qui était la treizième du règne d'Euphaès, se donna le sanglant combat près d'Ithome. Euphaès enfonça les bataillons de Théopompe avec trop d'ardeur et de précipitation pour un roi. Il y fut percé de coups dont plusieurs étaient mortels. Il tomba et semblait rendre l'ame. Alors on fit de part et d'autre des efforts extraordinaires de courage, les uns pour enlever le roi, les autres pour le sauver. Cléonnis tua huit Spartiates qui l'entraînaient, et, les ayant dépouillés, mit leurs armes en garde entre les mains de ses soldats. Il avait reçu plusieurs blessures et elles étaient toutes par-devant, preuve certaine qu'aucun de ses ennemis ne lui avait fait lâcher le pied

Aristomène, combattant dans la même occasion et pour le même sujet, tua cinq Lacédémoniens, dont il emporta aussi les dépouilles, et il ne reçut aucune blessure. Le roi fut emporté par les Messéniens, et, tout sanglant et percé de coups, il témoigna sa joie de ce qu'ils n'avaient pas eu le dessous. Aristomène, après la bataille, rencontra Cléonnis, qui ne pouvait, à cause de ses blessures, marcher ni de lui-même, ni avec le secours de ceux qui lui donnaient la main. Il le chargea sur ses épaules; sans quitter ses armes, et le porta au camp.

Après qu'on eut mis le premier appareil aux plaies du roi de Messénie et des officiers, il s'éleva parmi les Messéniens un nouveau combat, non moins vif que le premier, mais d'une espèce bien différente, et qui en était la suite. Il s'agissait d'adjuger le prix de la gloire à celui qui s'y était le plus distingué par sa bravoure. C'était pour lors un usage déjà assez ancien de faire proclamer publiquement le plus brave de la journée après chaque bataille. Rien n'était plus propre à animer le courage des officiers et des soldats, à leur inspirer une audace intrépide, à étouffer en eux toute crainte des dangers et de la mort. Deux illustres champions entrèrent en lice ; savoir Cléonnis et Aristomène.

Le roi, tout blessé qu'il était, présida avec les principaux officiers de l'armée au conseil où cette importante dispute devait être décidée. Chacun des contendans plaida sa cause. Cléonnis appuyait sa prétention sur le plus grand nombre d'ennemis qu'il avait tués, et sur les plaies qu'il avait reçues dans le combat, témoins non douteux du courage avec lequel il avait affronté la mort ; au lieu que l'état dans lequel Aristomène était sorti du combat sans y avoir reçu aucune blessure laissait entrevoir qu'il avait été fort attentif à conserver sa personne, on prouvait tout au plus qu'il avait été plus heureux, mais non pas plus brave que lui. Quant à ce qu'il l'avait transporté sur ses épaules dans le camp, c'était une action qui pouvait montrer la force de son corps, mais rien de plus ; et ici, disait-il, il s'agit de bravoure.

Le seul reproche qu'on faisait à Aristomène, était de ce qu'il n'avait point été blessé, et c'est à quoi il s'attacha. « On m'appelle heureux, dit-il, parceque je n'ai point reçu de blessures. Si j'en étais redevable à ma lâcheté, je ne mériterais point ce nom, et, au lieu d'être admis à disputer le prix, je devrais subir la rigueur des lois qui punissent les lâches : mais ce qu'on m'objecte comme un crime, c'est ce qui fait ma gloire ; car, soit que les ennemis, étonnés de ma valenr, n'aient osé me résister, ce m'est une grande louange de m'être fait craindre d'eux ; soit, quand ils ont combattu, que j'aie eu tout ensemble et la force de les tailler en pièces, et la sage précaution de me préserver de leurs coups, j'aurai été tout à la fois et vaillant et prudent : car quiconque, dans la chaleur même du combat, s'expose au hasard avec sagesse et retenue, montre qu'il possède en même temps les vertus et du corps et de l'esprit. On ne peut pas certainement reprocher à Cléonnis qu'il ait manqué de courage ; mais je suis fâché, pour son honneur, qu'il paraisse manquer de reconnaissance. »

Après ces discours en alla aux suffrages. Tout le monde demeura suspendu dans l'attente du jugement. Nulle dispute n'égale celle-ci en vivacité. Il ne s'agit point d'or ou d'argent, l'honneur est ici tout pur. La gloire désintéressée est le vrai salaire de la vertu. Ici les juges ne sont point suspects; les actions parlent encore. C'est le roi, environné de ses officiers, qui préside et qui prononce : c'est une armée qui est témoin. Le champ de bataille est un tribunal sans faveur et sans cabale. Toutes les voix se réunirent en faveur d'Aristomène, et lui adjugèrent le prix.

Euphaès ne survécut pas long-temps à ce jugement, et mourut quelques jours après. Il avait régné treize ans, et fait la guerre pendant presque tout ce temps contre les Lacédémoniens. Comme il mourait sans enfans, il laissa au peuple messénien le soin de lui choisir un successeur. Cléonnis et Damis le disputèrent à Aristomène : mais celui-ci fut élu préférablement aux autres. Quand il fut roi, il honora des plus grandes charges ses deux rivaux. Vifs amateurs du bien public encore plus que de la gloire, concurrens, mais non ennemis, ces grands hommes brûlaient de zèle pour la patrie; ils n'étaient ni jaloux ni amis que pour la sauver.

J'ai suivi, dans le récit que je viens de faire, le sentiment de feu M. Boivin l'aîné, et j'ai profité de sa savante dissertation sur un fragment de Diodore de Sicile qui était peu connu. Il y suppose et y prouve que le roi dont il est parlé dans le fragment est Euphaès, et qu'Aristomène est celui que Pausanias appelle Aristodème, selon la coutume des anciens, qui souvent avaient deux noms.

Aristomène, nommé autrement Aristodème, régna près de sept ans, et fut également estimé et aimé de ses sujets. La guerre continua toujours pendant ce temps là. Vers la fin de son règne, il battit les Lacédémoniens, prit leur roi Théopompe, et égorgea en l'honneur de Jupiter d'Ithome, trois cents hommes, parmi lesquels le roi était la principale victime. Lui-même s'immola peu de temps après sur le tombeau de sa fille, pour satisfaire à la réponse d'un oracle. Damis lui succéda, mais sans porter la qualité de roi.

Depuis sa mort les affaires des Messéniens allèrent toujours fort mal, et ils se trouvèrent sans ressource et sans espérance. Réduits à la dernière extrémité, et manquant absolument de vivres, ils abandonnèrent Ithome, et se retirèrent chez ceux de leurs alliés qui étaient les plus voisins. La ville aussitôt fut rasée; et tout le reste du pays se soumit. On obligea les Messéniens de s'engager par serment à ne jamais abandonner le parti des Lacédémoniens, et à ne se point révolter contre eux; précaution bien inutile et qui ne devait servir qu'à leur faire ajouter le parjure à la révolte. On ne leur imposa point de tributs, et on se contenta d'exiger d'eux qu'ils portassent à Sparte la moitié des grains qu'ils auraient recueillis dans la moisson. Enfin il fut stipulé que, tant hommes que femmes, ils assisteraient en habits de deuil aux funérailles des rois et des principaux citoyens de Sparte; ce qu'on regardait apparemment comme une marque de dépendance, et comme une sorte d'hommage rendu à la nation. Ainsi fut terminée la première guerre de Messénie, après avoir duré vingt ans. [Av. J. C. 723.]

Seconde Guerre de Messénie.

La douceur que les Lacédémoniens avaient montrée d'abord à l'égard des peuples de Messénie ne fut pas de longue durée. Quand ils virent tout le pays soumis, et qu'ils le crurent hors d'état de leur susciter de nouvelles affaires, ils s'abandonnèrent à leur caractère naturel, qui était un caractère de fierté et de hauteur, qui dégénérait souvent en dureté, et quelquefois même en férocité; au lieu de traiter les vaincus avec bonté comme des alliés et des amis, et de s'attacher à gagner par la douceur ceux qu'ils avaient domptés par la force, ils ne semblaient attentifs qu'à appesantir de jour en jour leur joug, et à leur en faire sentir tout le poids. Ils les chargeaient de tributs, les livraient à l'avarice de ceux qui étaient commis pour en faire la levée, n'écoutaient point leurs plaintes, ne leur rendaient aucune justice, les traitaient avec mépris comme de vils esclaves, et employaient contre eux les violences les plus criantes.

L'homme, né pour la liberté, ne s'apprivoise point avec la servitude : la plus douce l'irrite et le révolte. Que fallait-il donc attendre d'un esclavage aussi dur qu'était celui des Messéniens? Après l'avoir supporté avec peine pendant près de quarante ans, ils songèrent à secouer le joug et à se rétablir dans leur ancien état. [Av. J. C. 684.] Cette année était la quatrième de la 23e olympiade : la charge d'archonte à Athènes était pour lors réduite à l'espace d'un an : Anaxandre et Anaxidame régnaient à Sparte.

Leur premier soin fut de se fortifier du secours des peuples voisins. Ils les trouvèrent fort disposés à entrer dans leurs vues. Leur propre intérêt les y portait : ce n'était point sans crainte et sans jalousie qu'ils voyaient s'élever au milieu d'eux une ville puissante, qui paraissait manifestement vouloir étendre sa domination sur toutes les autres. Les peuples de l'Élide, ceux d'Argos, de Sicyone, se déclarèrent en leur faveur. Avant qu'ils fussent assemblés, il se donna un combat. Aristomène *, second de ce nom, était à la tête des Messéniens. C'était un chef d'un courage intrépide, et d'une extrême habileté dans le métier de la guerre. Les Lacédémoniens furent battus. Aristomène, qui voulait donner d'abord aux ennemis une idée avantageuse de lui--

---

* Selon plusieurs historiens, il y avait eu un autre Aristomène dans la première guerre de Messénie. (Diod. lib. 15, p. 378, § 66.

même, sachant qu'elle influe sur tout le reste des entreprises, eut la hardiesse d'entrer de nuit à Sparte, et d'attacher à la la porte du temple de Minerve, surnommée *Chalciœcos*, un bouclier dont l'inscription marquait que c'était un présent qu'Aristomène offrait à la déesse, des dépouillles des Lacédémoniens.

Cette bravade en effet étonna les Lacédémoniens ; mais ils furent encore plus alarmés de la puissante ligue qui se formait contre eux. L'oracle de Delphes, qu'ils consultèrent sur les moyens de réussir dans cette guerre, leur ordonna de faire venir d'Athènes un chef pour leur donner conseil et les conduire. La démarche était humiliante pour une ville aussi fière que Sparte ; mais la crainte de s'attirer le courroux du dieu par une désobéissance si marquée, l'emporta sur tout autre motif.

FIN DU SIXIÈME VOLUME.

TABLE DES MATIÈRES
CONTENUES
DANS LE TOME SIXIÈME.

FIN DE LA TABLE DU SIXIÈME VOLUME.

BIBLIOTHEQUE NATIONALE DE FRANCE
3 7531 04426377 1